徹底解説

新しい国税不服申立制度の理論と実務

青木 丈 [著]

ぎょうせい

はしがき

　平成26年6月に全部改正された行政不服審査法、及びそれに伴い全面的に見直された国税通則法第8章第1節の不服審査に関する諸規定は、本年4月より施行されている。

　この施行に併せて、国税庁は不服審査に係る基本通達を全面的に改正し（平成28年2月5日付）、不服申立てに用いる各種様式も国税庁及び国税不服審判所のウェブサイトに掲載された。

　そこで本書は、これらの新しい情報を参照しながら、新たな国税不服申立制度の実務に役立つ解説をすることを目的の一つとしている。

　また、新たな制度の実務を理解するためには、新制度の改正趣旨を踏まえることが重要である。そもそも今回の改正に至る経緯としては、行政不服審査法の法所管である総務省において平成18年頃から検討が進められ、平成20年には改正法案が国会に提出されたものの翌年夏の衆議院解散により廃案となり、その後2度の政権交代を経て紆余曲折の末、漸く実現したものである。また、この間、平成23年12月に国税通則法上の処分に至る事前手続に係る諸規定が大幅に見直されていることも重要であり、今回の改正に少なからず影響を与えている。このように、今回の改正では、通常の税制改正には見られない複雑な経緯を辿っているので、改正の趣旨を理解するためにはこの経緯を整理することがまず必要となる。

　以上を踏まえ、本書は、次の5章から構成されている。

　まず第1章では、明治23年に制定された訴願法まで遡り、以降の我が国における国税不服申立制度の改正の経緯を概観する。

　第2章では、この度の平成26年改正の趣旨を分析する。ここでは、同改正で併せて新設された行政手続上の新たな権利救済制度（処分等の求め・行政指導の中止等の求め）、及び地方税に関する新たな不

服申立制度についても言及している。また、行政不服審査法附則6条により施行後5年経過時に再度見直しの機会が設けられることを見据え、今後の検討課題についての若干の私見も述べている。

　以上の第1章及び第2章が本書のいわば理論編にあたる部分である。これに対して第3章以下は実務編にあたり、新たな通達や様式を参照しながら具体的な実務をフォローすべく解説する。

　すなわち、新たな国税不服申立制度は、「再調査の請求」と「審査請求」という2段階の不服申立てが整備されたが、第3章では両者に共通する事項を中心に国税不服申立制度の概要を解説している。

　そして、第4章は再調査の請求、第5章では審査請求について、それぞれ具体的な手続を解説する。

　本書が想定する読者の中心は、(国税不服申立ての代理を業とする)税理士(税理士法人及び税理士業務を行う弁護士等を含む。)である。ただ、税理士が立ち会う税務調査で誤りが見つかっても、通常は、修正申告等で税額の是正手続は完了し更正処分等を受けることはほとんどないため、不服申立制度に関心を持つ税理士は少ないようである。しかし、税理士が独立した公正な立場で納税義務の適正な実現を図るためには、具体的な租税争訟(不服申立て及び訴訟)に関わるか否かを問わずその手続を熟知していることが必要である。通常の関与先でない納税者が「違法・不当な処分を受けたので助けてほしい」と税理士事務所に駆け込んでくることも想定しておかなければならない。

　もとより、手続保障原則は租税法律主義の重要な内容の一つとされていることを忘れてはならないし、金子宏名誉教授は、租税争訟の重要性につき、いみじくも以下のように述べている(『租税法〔第21版〕』(平成28年・弘文堂)959頁)。

「たとえ、建前として租税法律主義がとられていても、違法な租税の確定又は徴収が行われた場合に、納税者がそれを争い、その権利の保護を求めることが保障されていなければ、租税法律主義は『画にかい

た餅』にすぎなくなってしまう。その意味で、租税争訟は、納税者の権利保護の観点から、きわめて重要な意味をもっており、租税争訟制度の確立は、租税法律主義の不可欠の要素である。」

　なお、著者は一時期、総務省行政管理局等において、行政不服審査法及び国税通則法の改正に関与したが、本書中意見にわたる部分は私見であることを申し添えておく。

　2016年11月

　　　　　　　　　　　　　　　　　　　　青　木　　丈

凡　例

1　法令等の略語

　法令名、条文等の引用については、下記略語に従うほか、大方の慣例による。

税通	国税通則法（昭和37年法律66号）
旧税通	平成26年法律69号による改正前の国税通則法
税通令	国税通則法施行令（昭和37年政令135号）
税審則	国税不服審判所組織規則（昭和45年大蔵省令17号）
地税	地方税法（昭和25年法律226号）
地税則	地方税法施行規則（昭和29年総理府令23号）
税徴	国税徴収法（昭和34年法律147号）
行訴	行政事件訴訟法（昭和37年法律139号）
行手	行政手続法（平成5年法律88号）
旧行審	行政不服審査法（昭和37年法律160号）
行審	行政不服審査法（平成26年法律68号）
税理士	税理士法（昭和26年法律237号）
審通（庁）	不服審査基本通達（国税庁関係）
審通（審）	不服審査基本通達（国税不服審判所関係）
徴基通	国税徴収法基本通達

2　文献等の略語

最終報告	行政不服審査制度検討会『行政不服審査制度検討会最終報告—行政不服審査法及び行政手続法改正要綱案の骨子—』（平成19年7月）
取りまとめ	行政救済制度検討チーム『行政救済制度検討チーム

	取りまとめ』」（平成23年12月）
見直し方針	総務省『行政不服審査制度の見直し方針』（平成25年6月）
審判所QA	国税不服審判所『平成28年4月1日以後に行われた処分について審査請求をされる方用（改正国税通則法対応版）審査請求よくある質問Q&A』
財務省解説	財務省ウェブサイト『平成26年度　税制改正の解説』
36年答申	税制調査会「国税通則法の制定に関する答申の説明（答申別冊）」（昭和36年7月）
逐条	行政管理研究センター編『逐条解説　行政不服審査法新政省令対応版』（平成28年・ぎょうせい）
新行審	橋本博之＝青木丈＝植山克郎『新しい行政不服審査制度』（平成26年・弘文堂）
精解	荒井勇（代編）『国税通則法精解〔平成28年改訂〕』（平成28年・大蔵財務協会）

目次

はしがき
凡　例

第1章　沿　革

第1節　国税通則法制定以前 ･･････････････････････････ 2
第2節　国税通則法制定後 ････････････････････････････ 9

第2章　平成26年改正の趣旨

第1節　26年法（行政不服審査法関連3法）の趣旨と概要 ･･･24
第2節　国税不服申立制度改正の概要 ･･････････････････ 37
第3節　異議申立前置主義の廃止
　　　　―選択制の「再調査の請求」へ ･･････････････ 38
第4節　不服申立期間の延長 ･･････････････････････････ 41
第5節　標準審理期間の設定 ･･････････････････････････ 44
第6節　担当審判官等の指定 ･･････････････････････････ 45
第7節　口頭意見陳述の整備 ･･････････････････････････ 47
第8節　審理のための質問・検査等 ････････････････････ 49
第9節　審理手続の計画的遂行 ････････････････････････ 50
第10節　審理関係人による物件の閲覧等 ････････････････ 52
第11節　国税庁長官の法令の解釈と異なる解釈等による裁決 ･･55
第12節　情報の提供 ･･････････････････････････････････ 59
第13節　裁決内容等の公表 ････････････････････････････ 60
第14節　地方税の不服申立制度の概要 ･･････････････････ 64

第15節　見直し規定・附帯決議と今後の課題‥‥‥‥‥‥‥72

第3章　国税不服申立制度の概要

第1節　行政不服審査法と国税通則法との関係‥‥‥‥‥‥88
第2節　国税不服申立ての構造等‥‥‥‥‥‥‥‥‥‥‥‥91
第3節　再調査の請求の概要‥‥‥‥‥‥‥‥‥‥‥‥‥‥96
第4節　審査請求の概要‥‥‥‥‥‥‥‥‥‥‥‥‥‥‥‥97
第5節　再調査の請求と審査請求のいずれを選択すべきか‥‥103
第6節　不服申立期間‥‥‥‥‥‥‥‥‥‥‥‥‥‥‥‥‥104
第7節　標準審理期間の設定‥‥‥‥‥‥‥‥‥‥‥‥‥‥106
第8節　代　理　人‥‥‥‥‥‥‥‥‥‥‥‥‥‥‥‥‥‥108
第9節　総　　　代‥‥‥‥‥‥‥‥‥‥‥‥‥‥‥‥‥‥111
第10節　参　加　人‥‥‥‥‥‥‥‥‥‥‥‥‥‥‥‥‥‥114
第11節　併合審理・併せ審理・みなす審査請求‥‥‥‥‥‥117
第12節　取　下　げ‥‥‥‥‥‥‥‥‥‥‥‥‥‥‥‥‥‥123
第13節　不服申立てと徴収との関係‥‥‥‥‥‥‥‥‥‥‥124
第14節　不服申立人の地位の承継‥‥‥‥‥‥‥‥‥‥‥‥129
第15節　国税不服申立て等の状況‥‥‥‥‥‥‥‥‥‥‥‥131

第4章　再調査の請求の手続

第1節　再調査の請求書の提出‥‥‥‥‥‥‥‥‥‥‥‥‥138
第2節　記載内容の補正‥‥‥‥‥‥‥‥‥‥‥‥‥‥‥‥154
第3節　参　加　人‥‥‥‥‥‥‥‥‥‥‥‥‥‥‥‥‥‥156
第4節　再調査の請求人の地位の承継‥‥‥‥‥‥‥‥‥‥160
第5節　取　下　げ‥‥‥‥‥‥‥‥‥‥‥‥‥‥‥‥‥‥163
第6節　口頭意見陳述‥‥‥‥‥‥‥‥‥‥‥‥‥‥‥‥‥165

第7節　証拠書類等の提出と返還・・・・・・・・・・・・・・・・・・・・・・・・・171
第8節　再調査決定・・・・・・・・・・・・・・・・・・・・・・・・・・・・・・・・・・・・・172

第5章　審査請求の手続

第1節　審査請求書の提出・・・・・・・・・・・・・・・・・・・・・・・・・・・・・・・179
第2節　記載内容の補正・・・・・・・・・・・・・・・・・・・・・・・・・・・・・・・・・199
第3節　参　加　人・・・・・・・・・・・・・・・・・・・・・・・・・・・・・・・・・・・・・・・202
第4節　審査請求人の地位の承継・・・・・・・・・・・・・・・・・・・・・・・・・204
第5節　取　下　げ・・・・・・・・・・・・・・・・・・・・・・・・・・・・・・・・・・・・・・・210
第6節　答弁書の要求と担当審判官等の指定・・・・・・・・・・・・・・・212
第7節　反論書等の提出・・・・・・・・・・・・・・・・・・・・・・・・・・・・・・・・・214
第8節　口頭意見陳述等・・・・・・・・・・・・・・・・・・・・・・・・・・・・・・・・・222
第9節　証拠書類等の提出と返還・・・・・・・・・・・・・・・・・・・・・・・・・228
第10節　担当審判官の質問検査権・・・・・・・・・・・・・・・・・・・・・・・・231
第11節　閲覧・謄写請求・・・・・・・・・・・・・・・・・・・・・・・・・・・・・・・・・233
第12節　審理手続の計画的遂行等・・・・・・・・・・・・・・・・・・・・・・・・236
第13節　審理手続の終結・・・・・・・・・・・・・・・・・・・・・・・・・・・・・・・・238
第14節　裁　　　決・・・・・・・・・・・・・・・・・・・・・・・・・・・・・・・・・・・・・・241

索　　引・・248

◆様式目次

第3章　国税不服申立制度の概要
- 様式3－1　審査請求とすることについての同意の求めに対する回答書‥ 121
- 様式3－2　徴収の猶予等の申立書 ‥‥‥‥‥‥‥‥‥‥‥‥‥‥‥ 127
- 様式3－3　滞納処分による差押えの解除等の申請書 ‥‥‥‥‥‥ 128

第4章　再調査の請求の手続
- 様式4－1　再調査の請求書 ‥‥‥‥‥‥‥‥‥‥‥‥‥‥‥‥‥ 139
- 様式4－2　再調査の請求書の記載要領 ‥‥‥‥‥‥‥‥‥‥‥‥ 141
- 様式4－3　税務代理権限証書 ‥‥‥‥‥‥‥‥‥‥‥‥‥‥‥‥ 145
- 様式4－4　委任状（再調査の請求人用）‥‥‥‥‥‥‥‥‥‥‥‥ 147
- 様式4－5　代理権消滅届出書（再調査の請求人用）‥‥‥‥‥‥‥ 148
- 様式4－6　総代選任書 ‥‥‥‥‥‥‥‥‥‥‥‥‥‥‥‥‥‥‥ 150
- 様式4－7　総代解任届出書 ‥‥‥‥‥‥‥‥‥‥‥‥‥‥‥‥‥ 152
- 様式4－8　再調査の請求参加許可申請書 ‥‥‥‥‥‥‥‥‥‥‥ 157
- 様式4－9　委任状（再調査の請求への参加人用）‥‥‥‥‥‥‥‥ 158
- 様式4－10　代理権消滅届出書（再調査の請求への参加人用）‥‥‥ 159
- 様式4－11　再調査の請求人の地位承継届出書 ‥‥‥‥‥‥‥‥‥ 161
- 様式4－12　再調査の請求人の地位承継許可申請書 ‥‥‥‥‥‥‥ 162
- 様式4－13　再調査の請求取下書 ‥‥‥‥‥‥‥‥‥‥‥‥‥‥‥ 164
- 様式4－14　意見陳述の申立書（再調査の請求人用）‥‥‥‥‥‥‥ 166
- 様式4－15　意見陳述の申立書（再調査の請求の参加人用）‥‥‥‥ 167
- 様式4－16　補佐人帯同許可申請書 ‥‥‥‥‥‥‥‥‥‥‥‥‥‥ 169

第5章　審査請求の手続
- 様式5－1　審査請求書（書き方付き）‥‥‥‥‥‥‥‥‥‥‥‥‥ 180
- 様式5－2　代理人選任（解任）届出書 ‥‥‥‥‥‥‥‥‥‥‥‥ 191
- 様式5－3　書類の送達先を代理人とする旨の申出書 ‥‥‥‥‥‥ 194
- 様式5－4　代理人に特別の委任(特別の委任の解除)をした旨の届出書‥ 195

様式5-5	総代の選任（解任）届出書 ················· 197
様式5-6	審査請求書の補正書 ······················ 201
様式5-7	審査請求への参加申請書 ···················· 203
様式5-8	審査請求人の地位承継及び総代選任の届出書 ······· 205
様式5-9	審査請求人の地位の承継の許可申請書 ············ 207
様式5-10	審査請求の取下書 ························ 211
様式5-11	反論書の提出について ···················· 215
様式5-12	参加人意見書の提出について ················ 217
様式5-13	審査請求人意見書の提出について ············· 220
様式5-14	口頭意見陳述の申立書 ···················· 223
様式5-15	補佐人帯同許可申請書 ···················· 225
様式5-16	証拠説明書 ···························· 229
様式5-17	質問、検査等を求める旨の申立書 ············· 232
様式5-18	閲覧等の請求書 ························ 234

第1章

沿　革

第1章 沿　革

本章では、国税不服申立制度についてのこれまでの経緯を概観する。制度の趣旨を検討するには、沿革を分析することが不可欠であると考えるからである。

第1節　国税通則法制定以前

1　訴願法下の国税不服申立て（審査の請求・訴願）

行政不服審査法の前身は、明治23年に制定された訴願法（法律105号）である。同法では、特別に認められた6項目についてのみ訴願（＝不服申立て）ができるという「列記主義」が採用された。租税関係はこの6項目に含まれており、具体的には、「租税及手数料ノ賦課に関する事件」並びに「租税滞納処分ニ関スル事件」について「訴願」を提起することができ（訴願法1条2号・3号）、「訴願ノ手続ニ関シ他ノ法律勅令ニ別段ノ規定アルモノハ各其規定ニ依ル」こととされていた（同17条）。

これを受けて、明治32年に全部改正された所得税法（法律17号）では、所得金額決定処分について、審査を求めることができることとされ（36条）、この「審査の請求」に対する決定になお不服があれば、訴願又は行政訴訟の提起が認められた（39条）。

また、当時の行政裁判法（明治23年法律48号）では、訴願に対する裁決を経た後でなければ訴訟を提起することができないという「訴願前置主義」が原則とされていた（17条）[1]。

【図表1-1】訴願法下の租税争訟の構造

（出典）著者作成

以上の【図表1-1】に示した租税争訟の構造は、その後の大正9年に全部改正された所得税法（法律11号）、昭和15年に全部改正された所得税法（法律24号）、及び同年に新たに制定された法人税法（法律25号）、並びに昭和22年に全部改正[2]された所得税法（法律27号）及び法人税法（法律25号）においても、基本的に踏襲されている。

2　シャウプ勧告に基づく不服申立て（再調査の請求・審査の請求）

(1)　シャウプ勧告の提案

昭和24年の「シャウプ使節団日本税制報告書」（以下「シャウプ勧告」という。）では、我が国の租税争訟制度について、主として、以下の提案がなされている。

①　税務署と国税局による2段階の不服申立てと協議団の設置

まず、シャウプ勧告は、「通常、不服申立て（Protest）は最初、税務署で考慮されるべきである。しかし、もし、その所得額の大きさに鑑み、その調査を国税局の調査官が取り扱った場合には、不服申立てはやはりその同じ段階で考慮されなければならない。」と述べて[3]、原処分庁である税務署と国税局がそれぞれ審理を担当すべきとした。

また、未解決の不服申立事件を考慮し、かつ、決定する機能をもつ税務官吏をもって構成する協議団（Conference Group）を税務署（各税務署又は県単位での設置）及び各国税局に設置することを提案している[4]。協議団は、できるだけ原処分の調査を担当した者以外で構成されるべきであり、それによって、納税者に対して、審理の公正性を保障すべきとした[5]。

そして、「税務署の協議団の決定に対して納税者がなお不服であるのなら、ある場合には更にこれを国税局へ申し立てる権利をもつことがよい。」と述べ[6]、税務署と国税局の2段階の不服申立構造を提案した。

② 不服申立前置主義

一方、不服申立と訴訟との関係については、「納税者と税務官吏との間の紛争の全ては行政的手段では解決しない。ある事件は解決される前に裁判所へ持ち出す必要があるということが予想される。しかし、紛争の大部分は行政段階で解決されねばならない。裁判所は、行政的手段で解決に達しない事件において、税務官吏と納税者との間の公平な仲裁人たることを保証する安全弁として存在するに過ぎない。」と述べ[7]、原則として不服申立前置主義の考え方を示した。

③ 租税事件を扱う専門裁判所の設置

今後、高度に専門化している租税訴訟の件数と重要性が増大することが予期される。そこで、徴税の確実性と税負担の画一性とを維持するためには迅速な中央集権的な訴訟機構が必要であるとの考えから、将来的な課題として、「租税事件を審議する専門的な裁判所」を設置することなどの検討を始めるべきとした[8]。

(2) 昭和25年改正

シャウプ勧告に基づいて、昭和25年に我が国の税制は全面的に改正された。これに伴い、不服申立手続についても抜本的に見直され、以下に述べるような仕組みに改められた。

① 再調査の請求

税務署に所属する職員の調査に基づく処分に異議がある場合は、処分を受けた日から1か月以内に当該職員の属する税務署長に対して「再調査の請求」をすることができる（所得税法（昭和22年法律27号。以下本節において「旧所税」という。）48条1項本文、法人税法（昭和22年法律25号。以下本節において「旧法税」という。）34条1項本文、等）。

なお、平成26年改正により、従来の国税通則法上の「異議申立て」（平成26年改正前の税通75条1項1号イ）は、ここで解説している旧所得税法等上と同じ「再調査の請求」に名称が変わったが、この同じ名称の両者は処分庁に対する第一審的不服申立てという性格は同じであるものの、もちろん全く別の制度である。

② 審査の請求

上述の再調査の請求に基づく決定に対して異議があるときは、決定の通知を受けた日から1か月以内に上級官庁である国税庁長官又は国税局長に対して「審査の請求」をすることができる（旧所税49条1項前段、旧法税35条1項前段、等）。

また、国税庁又は国税局に所属する職員の調査に基づく処分に異議がある場合は、たとえそれが税務署長名で行われた処分であっても再調査の請求をすることはできず、処分を受けた日から1か月以内に当該職員の属する国税庁長官又は国税局長に対して審査の請求をすることができる（旧所税48条1項ただし書・49条1項前段、旧法税34条1項ただし書・35条1項前段、等）。

③ 協議団の設置

国税庁長官又は国税局長に対して審査の請求がなされた場合において、その決定は国税庁又は国税局に所属する協議団の協議を経なければならない（旧所税49条7項、旧法税35条7項、等）。この協議団は、協議官自ら協議に付された事案の調査にあたり、その協議は、3人以上の協議官をもって構成する合議体の合議によって行われる（国税庁協議団及び国税局協議団令（昭和25年政令214号）4条・5条）。

なお、上述の再調査の請求及び審査の請求に係る規定は、旧所得税法及び旧法人税法のほか、相続税法（昭和25年法律73号）、富裕税法（昭和25年法律174号）及び資産再評価法（昭和25年法律110号）

に設けられたとともに、これらを除くすべての国税の賦課徴収に関する処分又は滞納処分については、旧国税徴収法（明治30年法律21号）によることとされた。これらの不服申立ての根拠規定が個別税法であるか国税徴収法であるかの差異は、審査の決定に際して協議団の議決を要するか否かにあった（旧国税徴収法に基づく審査の請求については協議団の対象外）。

④ 不服申立前置主義

行政事件訴訟特例法（昭和23年法律81号）は、行政庁の違法な処分の取消し又は変更を求める訴えは、その処分に対し法令の規定により不服申立てのできる場合には、これに対する裁決等を経た後でなければ、これを提起することができないとして、原則として不服申立前置主義（訴願前置主義）を採用していた（2条本文）。

これに合わせて、租税争訟についても、再調査の請求又は審査の請求の目的となる処分の取消し又は変更を求める訴えは、審査の決定を経た後でなければ、原則として、これを提起することができないこととされた（旧所税51条1項本文、旧法税37条1項本文、等）。

また、行政事件訴訟特例法は、不服申立前置の例外として、不服申立てがあった日から3か月を経過したとき又は不服申立ての裁決等を経ることに因り著しい損害を生ずるおそれのあるときその他正当な事由があるときは、不服申立ての裁決等を経ないで、訴えを提起することができる旨規定していた（2条ただし書）。

やはりこれに基本的に合わせて、租税争訟についても、①再調査の請求があった日から6か月を経過しても再調査の決定がないとき、②審査の請求があった日から3か月を経過したとき、③再調査の決定又は審査の決定を経ることにより著しい損害を生じるおそれのあるとき、④その他正当な事由があるときは、再調査の決定又は審査の決定を経ることなく訴えを提起できることとされた（旧所税51条1項た

だし書、旧法税37条1項ただし書、等）。

⑤　訴願の適用排除

以上の再調査の請求又は審査の請求の対象となる処分については、訴願法の規定は適用しないこととされた（旧所税50条、旧法税36条、等）。

以上により、シャウプ税制下の不服申立ての構造は、【図表1-2】に示すように、税務署に所属する職員の調査に基づく処分への不服については再調査の請求と審査の請求の2段階、国税庁又は国税局に所属する職員の調査に基づく処分への不服については審査の請求の1段階とされた。

【図表1-2】シャウプ税制下の租税争訟の構造

〈税務署に所属する職員の調査に基づく処分〉

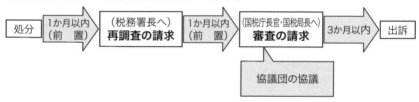

〈国税庁・国税局に所属する職員の調査に基づく処分〉

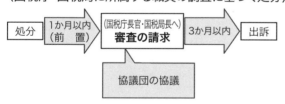

（出典）著者作成

第1章 沿　革

注

1　訴願前置主義については、日本国憲法の下で昭和23年に制定された行政事件訴訟特例法においても、踏襲されていた（2条。本節2(2)④（6頁）参照）。
2　この改正によって、直接税について、これまでの賦課課税制度から原則として申告納税方式への転換が図られた。
3　日本税理士会連合会編『シャウプ使節団日本税制報告書（復元版）』（昭和54年・日本税理士会連合会出版局）262頁。翻訳は、現在の字句の用法等に適宜改めている。以下同じ。
4　同上263頁。
5　原文では、「可能である限り、協議団は調査官以外の者によって構成されるべきで、それによって納税者に対し、彼らの申立ては最初の更正決定又は調査の過程と関係のない全然異なった税務官吏の団体によって考慮されていることが保証されなければならない。」と述べている（同上263頁）。
6　同上263〜264頁。
7　同上265〜266頁。
8　同上268〜270頁。

第2節　国税通則法制定後

1　旧行政不服審査法・行政事件訴訟法と国税通則法の制定

(1)　3法制定の経緯

　総理府に設置された訴願制度調査会が昭和35年12月に決定した訴願制度改善要綱[9]に基づき、昭和37年に行政不服審査法（法律160号。以下「旧行政不服審査法」という。）が制定、同年10月から施行され（旧行審附則1項）、これに伴い訴願法は廃止された（同2項）。

　また、これと同じタイミングで、旧来の行政事件訴訟特例法を廃止して、新たに行政事件訴訟法（昭和37年法律139号）が制定、施行されている（行訴附則1条・2条）。

　さらに、同年は、国税に関する基本的法律関係と手続等を規定する国税通則法（昭和37年法律66号）も制定されており、特に同法第8章（不服審査及び訴訟）については、旧行政不服審査法及び行政事件訴訟法と同じ同年10月に施行されている（税通附則1条ただし書）[10]。

　このように、行政の事後救済手続に関する一般法である行政不服審査法及び行政事件訴訟法と全く同じタイミングで国税通則法が施行されていることは、国税通則法が特別法として強いプレゼンスを有しているということの証左であり、国税争訟制度の沿革上、重要なポイントである。

○昭和37年
旧行政不服審査法制定　　⇒同年10月施行
行政事件訴訟法制定　　　⇒同年10月施行
国税通則法制定　　　　　⇒8章（不服審査及び訴訟）は同年10月施行

(2) 旧行政不服審査法

① 目的・一般概括主義

旧行政不服審査法は、①簡易迅速な手続による国民の権利利益の救済と②行政の適正な運営の確保という2つの目的を掲げることよって（旧行審1条1項）、前身である訴願法にみられた「行政の自己統制」という性格を改めた。

```
旧行政不服審査法の目的 ─┬ ①国民の権利利益の救済
                      └ ②行政の適正な運営の確保
```

また、訴願法が採用していた列記主義[11]から180度方針転換し、原則として全ての行政処分を不服申立ての対象とする「一般概括主義」を採用した（旧行審4条1項本文）。

```
訴願法：列記主義（訴願の対象を限定列挙）
        ⇩
行政不服審査法：一般概括主義（原則全ての処分を対象）
```

② 不服申立ての種類と構造

旧行政不服審査法は、①異議申立て、②審査請求及び③再審査請求という3種類の不服申立手続を規定した（旧行審3条1項）。

```
旧行政不服審査法上の不服申立て ─┬ ①異議申立て
                            ├ ②審査請求
                            └ ③再審査請求
```

このうち、異議申立てと審査請求は、不服申立てを審理する行政機関の相違により区別される。異議申立ては、処分を行った処分庁（これを「処分庁」という。）に上級行政庁がないときなどに、処分庁又は不作為に係る処分庁（これを「不作為庁」という。）に対してする不服申立てである。これに対して審査請求は、処分庁又は不作為庁以

外の行政庁に対してする不服申立てであり、原則として、処分庁の上級行政庁又は第三者的立場の行政庁に対して行われるものである（旧行審3条2項、5条、6条）。ここで、異議申立てと審査請求は、並列な二者択一的関係にある。

また、再審査請求は、処分についての審査請求の裁決に不服がある場合に行われる不服申立てである（旧行審8条）。再審査請求は、国税とは関係しない不服申立てであるので、ここでの解説は省略する。

以上が原則であるが、個別の法律の規定によって、ある処分について、異議申立てと審査請求の両方を可能とする例外もある。このような場合には、先に異議申立てを義務的に行わなければならないのが原則である（これを「異議申立前置主義」という。旧行審20条）。すなわち、ここでは異議申立ては審査請求の前段階に置かれており、両者は縦列的な関係にある。

```
異議申立て ┬ 審査請求と並列的関係にある異議申立て（原則）
          └ 審査請求の前段階の異議申立て（例外）
```

以上による旧行政不服審査法下の不服申立ての構造は、【図表1-3】のとおりである。

【図表1-3】旧行政不服審査法下の不服申立構造

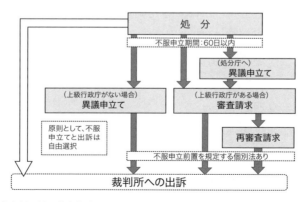

（出典）総務省資料を基に著者作成

(3) 国税不服申立て

昭和36年7月の税制調査会「国税通則法の制定に関する答申の説明」では、国税通則法に規定する不服申立制度についても、基本的には一般法たる行政不服審査法案によることとしながらも、国税不服申立制度には他の行政分野にはみられない特異性（例えば、賦課の処分が大量集中的に行われ、しかも一定の期間をおいて回帰的にそれがされること等）があるとし、かような特異な面については、行政不服審査法の例外としての規定を特別法たる国税通則法に設けるべきであるとした[12]。

① 不服申立ての種類と構造

このような考え方に基づいて制定された国税通則法では、不服申立ての種類を異議申立てと審査請求とし、原則として、異議申立前置主義を採ることにより、旧来の二審的構造を基本的に維持することとされた[13]。これは、旧行政不服審査法における例外的な「審査請求の前段階の異議申立て」を採用したということである。

なお、協議団制度について、従前は、国税庁長官又は国税局長に対して審査の請求がなされた場合において、その決定は国税庁又は国税局に所属する「協議団の協議を経なければならない」とされていたが、その第三者的性格を明らかにするため「協議団の議決に基づいてこれをしなければならない」（旧税通83）と定め、決定又は裁決に当たって協議団の議決が尊重されることが明記された。

② 不服申立期間

旧行政不服審査法における不服申立期間は、原則として処分があったことを知った日の翌日から起算して60日以内と規定されたが（旧行審14条1項本文、45条）、国税通則法においては、従前からの不服申立期間を踏襲し、国税に関する法律に基づく処分に対する不服申

立ては、原則として処分があったことを知った日の翌日から起算して1か月以内とされた（旧税通[14]76条1項、79条1項）。これは、国税に関する処分が大量集中的に反復して行われる処分であるため、できるだけ速やかに確定させる必要があるとの理由から、旧行政不服審査法における不服申立期間よりも短い期間とされたものである[15]。

③ 不服申立前置主義

従前の行政事件訴訟特例法は原則として不服申立前置主義（訴願前置主義）を採用していたが（2条本文）[16]、新たに制定された行政事件訴訟法では原則として自由選択主義を採用した（行訴8条1項本文）。

その趣旨は、不服申立前置主義は、国民の出訴権を制限しようとするものであり、不服申立前置主義に裁判所の負担軽減、行政の統一的把握、争訟経済等のメリットがあるとしても、それらは、処分の性質、救済手続の特殊性等に応じて個々的に検討されるべきことであって、一律に不服申立てを前置強制することは合理的理由に乏しく妥当でないとの理由からである[17]。

ただし、①大量的に行われる処分であって、審査請求に対する裁決により行政の統一を図る必要があるもの、②専門技術的性質を有する処分、又は③審査請求に対する裁決が第三者的機関によってなされることになっている処分のいずれかに該当する処分については、例外として個別法により不服申立前置を規定することが許容された（行訴8条1項ただし書）[18]。

国税通則法においては、①に該当することから、不服申立前置が維持された（旧税通87条）。

以上による国税通則法制定時の不服申立ての構造は、【図表1-4】のとおりである。

【図表1-4】国税通則法制定時の不服申立構造

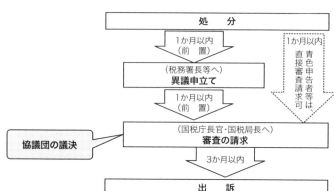

(出典) 著者作成

2　昭和45年改正—国税不服審判所の創設等

　税制調査会が昭和43年7月に行った「税制簡素化についての第三次答申」では、協議団が国税庁の下に置かれていることへの批判があり、権利救済制度として必ずしも万全なものとはいい難い面があることなどから、協議団に代わる新しい審理・裁決機構としての「国税不服審判所」を国税庁の附属機関として設けるなど、不服申立制度全般にわたる改正の方向性が示された。

　これに基づき、昭和45年に国税通則法の一部を改正する法律（法律8号）によって、国税通則法8章1節の不服審査に係る諸規定が全面的に見直された。その内容は、主として以下のとおりである。

① 国税に関する審査請求の審理・裁決を行う機関たる国税不服審判所の設置
② 異議申立期間及び第一審としての審査請求期間を2か月（改正前1か月）に延長
③ 異議決定時等における白色申告者に対する処分理由の通知
④ 答弁書による等審査請求人及び原処分庁の主張の明確化のため

の措置
⑤　口頭による補正手続の導入
⑥　通達と異なる法令解釈による裁決の規定その他裁決の具体的妥当性の確保のための措置

3　20年法案の提出・廃案

　平成5年に行政手続法（法律88号）が制定され、翌年10月に施行された。同法は、行政運営における公正の確保と透明性の向上を図り、もって国民の権利利益の保護に資することを目的とする行政の事前手続の一般法であり、審査基準・処分基準の作成、処分時の理由の提示、不利益処分時の手続等が定められた[19]。

　また、司法制度改革の一環として、平成16年に行政事件訴訟法が抜本的に改正され、翌年4月に施行された。この改正は、行政訴訟制度につき、国民の権利利益のより実効的な救済を図るため、その手続を整備するとの考えの下、救済範囲の拡大（義務付け・差止訴訟の法定など）、行政訴訟をより利用しやすく、分かりやすくするための仕組みの構築（被告適格の簡明化、出訴期間の延長等）、本案判決前における仮の救済制度の整備等が行われたものである。

　以上のように、行政不服審査法と密接に関連する行政手続法上の処分時の手続や改正された行政事件訴訟法との整合性などを改めて整理する必要性が生じたことにより[20]、平成18年10月に「行政不服審査制度検討会」が総務副大臣の主宰により立ち上げられた。同検討会は、平成19年7月に「最終報告―行政不服審査法及び行政手続法改正要綱案の骨子―」を公表した。

　この最終報告に基づき、行政不服審査法案（第169回閣法76号）、行政不服審査法の施行に伴う関係法律の整備等に関する法律案（第169回閣法77号。この整備法案94条が国税通則法の一部改正案であった。）及び行政手続法の一部を改正する法律案（第169回閣法78

号)(以下、この3法案を「20年法案」という。)が平成20年4月に国会提出された。

20年法案は、平成21年7月に衆議院解散による審議未了により廃案となった。

4　民主党政権下の検討

平成21年夏の衆議院解散・総選挙を経て、戦後初の本格的な政権交代を実現して同年9月に発足した民主党を中心とする政権(以下「民主党政権」という。)は、政権発足からわずか3か月後に閣議決定した平成22年度税制改正大綱の3章において、翌年度以降の「各主要課題の改革の方向性」を示しており、そこで、国税不服審判所の改革の方向性が示された。

その後、税制調査会では、納税環境整備小委員会での議論を経て、平成22年10月に税制調査会専門家委員会から「納税環境整備に関する論点整理」(平成22年9月14日付)が公表され、その翌月には税制調査会から「納税環境整備PT報告書」が公表された。

この報告書に基づき、平成22年12月に平成23年度税制改正大綱が閣議決定された。同大綱では、国税不服申立手続の見直しについて、基本的に後述の行政救済制度検討チームの結論を待つこととしつつも、不服申立期間、証拠書類の閲覧・謄写の範囲、対審制及び不服申立前置の仕組みのあり方について一定の方向性が示された。また、国税不服審判所における審理の中立性・公正性を向上させる観点から、国税審判官への外部登用を拡大していく方針が示された。

また、同大綱に基づく平成23年度税制改正では、国税通則法については、税務調査手続、更正の請求、理由付記等の事前手続に係る大幅な改正法が平成23年12月2日に公布、即日施行されている(経済社会の構造の変化に対応した税制の構築を図るための所得税法等の一部を改正する法律(平成23年法律114号)17条)[21]。この改正の

うち、特に処分の理由付記が原則化されたことについては、後述の平成26年の不服申立制度の改正に少なからず影響を与えている[22]。

一方、行政不服審査法の改正については、平成21年12月に「行政不服審査法案に関する勉強会」[23]を総務大臣政務官主宰により開催し、その結果、民主党政権として20年法案を再提出しないことを決めた。

その後、民主党政権としての行政不服審査法案の検討のための「行政救済制度検討チーム」が、平成22年8月に総務大臣及び行政刷新大臣を共同座長として立ち上げられた。同検討チームでは、不服申立前置の見直しのためのWG(ワーキング・グループ)も開かれた。同検討チームによる結論は、平成23年12月に「取りまとめ」として公表され、そこでは、「出来る限り早期に、法所管である総務省を中心に、法制化作業を進め国会に提出することを目指す。」[24]と記述されたが、結局、この取りまとめに基づく改正法案が国会に提出されることはなかった。

5　平成26年改正

平成24年12月の総選挙を経て第2次安倍内閣が発足した。再度の政権交代後の行政不服審査法改正のスタンスについて、総務省は、旧自公政権下の20年法案をベースに、その後の検討経緯を踏まえて再検討することとした。

以上のスタンスの下、総務省行政管理局は、平成25年3月に「行政不服審査制度の見直しに係るヒアリング」を実施し[25]、同年4月から6月にかけて「行政不服審査制度の見直しに係る検討」を開催した。

これらの検討を踏まえて、同年6月に総務省は、「行政不服審査制度の見直し方針」(以下「見直し方針」という。)を公表し、ここで改正行政不服審査法案の具体的な内容の方向性が示された。見直し方針には、「この見直し方針は、20年法案を改める必要があるとの意見が

第1章 沿　革

あった事項について方針を取りまとめたものであり、この見直し方針において言及していない事項については、基本的に20年法案によることとする。」[26]と述べられている。

　また、同年12月に閣議決定された平成26年度税制改正の大綱において、行政不服審査法の改正に伴う国税及び地方税に関する不服申立制度の見直しの方向性が具体的に示された[27]。

　見直し方針に基づく3法案は、平成26年3月14日に国会提出され、同年6月6日に成立、同月13日に行政不服審査法（法律68号）、行政不服審査法の施行に伴う関係法律の整備等に関する法律（法律69号。以下「整備法」という。）及び行政手続法の一部を改正する法律（法律70号）（以下、この3法を「26年法」という。）が公布された。

　26年法は、20年法案と3法とも同じ題名であるが、その内容には重要な変更が加えられている。すなわち、26年法は、20年法案をベースとしながらもその後の民主党政権下の検討等も加味された、ハイブリットな内容であるといってよい。

> 26年法＝20年法案＋その後の検討（見直し方針）

　国税不服申立てについても、整備法99条によって国税通則法8章1節が全面的に改正されており、同様にハイブリットな内容である。26年法による国税不服申立ての改正事項は、【図表1-5】のとおりである（20年法案からの変更点を付記）。

　現行法である26年法の趣旨や内容については、次章以下で詳述する。

第2節　国税通則法制定後

【図表1-5】国税不服申立ての改正事項一覧表（主なもの）

	項　目	改正前	改正後 (**太字**は20年法案からの変更点)
共　通	税務署長等に対する不服申立て	○異議申立て（審査請求に義務的前置）（税通75）	○再調査の請求（**審査請求と自由選択**）（税通75）
	不服申立期間	○2か月（税通77①）	○3か月（税通77①本文）
	不服申立期間の例外規定	○天災その他のやむを得ない理由（税通77③）、誤って長期間を教示（税通77⑥）	○正当な理由（税通77①②各ただし書）
	標準審理期間の設定	—	○新設（税通77の2）
	情報の提供	—	○**新設（行審84）**
	処理状況の公表	—	○**新設（行審85）**
再調査の請求※	口頭意見陳述	○申立人（異議申立人又は参加人）のみ参加（税通84①、109⑤）	○再調査の請求人及び参加人を招集（税通84②）
	不服申立人等の証拠書類等の提出	—	○新設（税通84⑥）
	証拠書類等の返還	—	○新設（税通84⑫）
審査請求	審理手続を経ない却下	○不適法である場合（税通92）	○不備を補正しない場合、不適法で補正できないことが明らかな場合（税通92①②）
	審理の計画的進行等の責務	—	○新設（税通92の2）
	担当審判官等の除斥事由	—	○新設（税通94②）
	参加人意見書	—	○新設（税通95②）
	反論書等の審理関係人への送付	—	○新設（税通95③）
	口頭意見陳述	○申立人（審査請求人又は参加人）のみ参加（税通84①、101）	○全ての審理関係人（審査請求人、参加人及び原処分庁）を招集（税通95の2③） ○原処分庁に対する質問権（税通95の2②）
	審理のための質問、検査等	○審査請求人又は参加人のみ申立て可能（税通97、109⑤）	○**原処分庁を含む審理関係人が申立て可能（税通97）**
	争点等の事前整理手続	—	○新設（税通97の2）

第1章 沿　革

項　目	改正前	改正後（**太字**は20年法案からの変更点）
物件の閲覧等	○原処分庁の提出物件のみが対象（税通96②） ○閲覧のみ可能（税通96②） ○審査請求人又は参加人のみ求めが可能（税通96②、109⑤）	○全ての提出物件が対象（税通97の3①） ○**閲覧に加え、コピーも可能（税通97の3①）** ○**原処分庁を含む審理関係人が求めが可能（税通97の3①）**
審理手続の終結	—	○新設（税通97の4）

※改正前は異議申立て

（出典）著者作成

注

9　同要綱には、参考案として、「行政不服審査法（仮称）要綱案」が添付されていた。
10　その余の規定は、同年4月施行（税通附則1条本文）。
11　本章第1節1（2頁）参照。
12　36年答申117頁。
13　旧来の二審的構造を維持する理由は以下のように説明されている（36年答申123頁）。

　「（イ）　国税の賦課、徴収に関する処分は、大量的かつ回帰的なものである。この処分に対してなされる異議申立て件数もしたがってまた大量であって、毎年ほぼ3万件に及んでいる。これら異議申立て事案は、現在原則として処分庁である税務署長（税務署数は504）が処理しているが、これを直近上級行政庁たる国税局（国税局数は11）が取り扱うことになれば、国税局は事件のはん濫に悩み、予算・定員の現状からみて、迅速、適正な処理を期待することはとうてい困難である。かくては、簡易、迅速を特長とする不服申立ての趣旨にそぐわないばかりでなく、不服申立人にとっても不便、不利な結果を招き、また反復して継起する大量的処分の後行処分の円滑な流れを阻害する虞なしとしない。
　（ロ）　税務不服申立ての大部分が賦課処分に関する異議申立てであることは計数の示すところであるが（おおよそ90％）、賦課処分についての争訟は、租税法の解釈はいかにあるべきかという法規解釈の問題と、要件事実の認定等、事実認定に関する問題についての争いがあるところ、なかでも、事実認定の問題が大きなウェイトを占めている。したがって、異議申立てにおける審理は実地調査等の事実審理を必要とする場合が多く、事案に熟知し、事実関係の究明に便宜な位置にある処分庁たる税務署長が裁決庁となることは、審理の適正、迅速を期し争訟手続の経済をはかるという観点から望ましいし、申立人の便益にも資するものと考えられる。」

14　昭和45年法律8号による改正前の条文を引用。以下、本項において同じ。
15　36年答申130頁。
16　本章第1節2(2)④（6頁）参照。
17　杉本良吉『行政事件訴訟法の解説』（昭和38年・法曹会）32頁。
18　杉本・同上33～34頁。

第 2 節　国税通則法制定後

19　もっとも、国税に関する処分等については、行政手続法の多くの条項が適用除外とされている。国税に関する処分等（酒税法上の免許等に関する処分等を除く。）に現行行政手続法が適用される現行の条文は、主として、以下のものに限られる。
① 　総則（行手1条〜4条）
② 　申請に対する処分及び不利益処分の際の理由の提示（同8条、14条）
③ 　書面の交付と複数の者を対象とするものを除く行政指導（同32条〜34条、35条1項・2項）
④ 　処分等の求め（同36条の3）
⑤ 　国の機関以外の者が提出先とされているものを除く届出（同37条）
⑥ 　意見公募手続のうち、法律の制定又は改正に伴わず命令等を単独で定めようとする場合（同6章、適用除外規定は同39条4項2号）
　このうち、②については、従前、国税に関する法律に基づく処分については、青色申告者に対する更正等に限って、各税法の規定に基づき理由付記をしなければならないこととされていたが、平成23年12月の国税通則法改正によって、基本的に全ての処分（申請に対する処分及び不利益処分）について、行政手続法8条又は14条の規定に基づき、理由付記を行うこととされた（税通74条の14第1項。平成25年1月施行）。
　また、⑥については、行政手続法は、命令等制定機関に対して、立案過程における意見公募手続（いわゆるパブリック・コメント）の実施を義務付けているが、「納付すべき金銭について定める」税法に関しては、政省令や通達といった租税にかかわる命令等は、意見公募手続の適用除外の対象とされている（行手39条4項2号）。もっとも、この適用除外規定は、「法律の制定又は改正」によることを前提にしているので、「法律の制定又は改正」に伴わず命令等を単独で定めようとする場合には、税法に関する命令等であっても意見公募手続の対象となるものと解されている（行政管理研究センター編著『逐条解説　行政手続法〔改正行審法対応版〕』（平成28年・ぎょうせい）306頁）。
20　行政手続法の制定や行政訴訟法の改正が、必然的に行政不服審査法の再検討を促すことを指摘するものとして、塩野宏『行政法Ⅱ〔第5版補訂版〕』（平成25年・有斐閣）38頁。
21　この改正法の経緯については、青木丈「国税通則法抜本改正（平成23〜27年）の経緯」青山ビジネスロー・レビュー5巻2号（平成28年・青山学院大学大学院法学研究科ビジネスロー・センター）1頁以下で詳述しているので、参照されたい。
22　第2章第3節2（38頁）参照。
23　この勉強会については、総務省行政管理局「行政不服審査法案に関する勉強会（概要）」（平成21年12月28日）として報告されている。
24　取りまとめ2頁。
25　ヒアリング先は、日本弁護士連合会、日本税理士会連合会ほか各士業団体と財務省及び厚生労働省並びに全国知事会である。
26　見直し方針2頁、下線著者。
27　「平成26年度税制改正の大綱」（平成25年12月24日閣議決定）106〜107頁。自由民主党・公明党「平成26年度税制改正大綱」（平成25年12月12日）112〜113頁も同旨。

第2章

平成26年改正の趣旨

第1節　26年法（行政不服審査法関連3法）の趣旨と概要

　26年法の趣旨は、昭和37年に制定以降実質的な法改正がなく、時代に即した見直しが必要とされることから、①公正性の向上、②使いやすさの向上、③国民の救済手段の充実・拡大の観点から行政不服審査制度を見直そうとするものである。①及び②については原則として行政不服審査法、③については行政手続法の改正により手当てされている。以下、3つの観点ごとにその改正の概要を解説する。

1　公正性の向上

　審理手続の公正性を向上するために審理員制度及び第三者機関への諮問制度が導入された。また、審理手続における審査請求人の権利を拡充するために、証拠書類等の閲覧・謄写、口頭意見陳述における処分庁への質問などの規定が整備された【図表2−1】。

(1)　審理員制度の導入

　改正前の行政不服審査法（以下「旧行政不服審査法」という。）では、審査請求の審理及び裁決の権限は審査庁に帰属していたが、どういった職員が審理手続に関与し、裁決書の起案に関与するかといったことは規定されていなかった。行政手続法上の不利益処分においては聴聞主宰者の除斥事由の規定があるが（行手19条2項）、旧行政不服審査法ではこのような関係者を排除することが制度上担保されているわけではなかった。

　そこで、改正法では、不服申立人の手続保障のレベルを高めるために、新設する「審理員」を審理の主宰者として、審査庁から相対的に独立させることとした[28]。これにより、簡易迅速かつ公正で透明な審

第1節　26年法（行政不服審査法関連3法）の趣旨と概要

【図表2-1】公正性の向上～点検の強化（審理の見える化）～

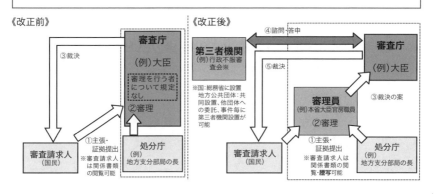

（出典）総務省行政管理局作成資料

理の確保を図ることが期待されている[29]。

　審理員は審査庁に所属する職員のうち、審査請求に係る処分等に関与した者以外から指名される（行審9条）。そして、審理員候補者名簿の作成が努力義務として規定され、当該名簿の公表等が予定されている（同17条）。

(2) 第三者機関（行政不服審査会等）への諮問制度の導入

　審理の主宰者である審理員は、審査庁から相対的に独立しているとはいえ、審査庁の補助機関であり処分の客観性までを担保されるものではなく、「同じ穴の狢」という批判を完全に払拭することはできない。

また、事前・事後のいずれかの段階で一度は、法律又は行政の有識者で構成される機関等による調査審議がされ、処分等についての判断が公正かつ慎重に行われる手続を整備することが、国民の権利救済に必要であり、それによって、裁決の客観性・公正性をより高めると考えられた[30]。

そこで、第三者の視点で、審理員による事実認定を検分した上で、法令解釈等の妥当性を検証するための諮問機関として、新たに第三者機関（行政不服審査会等）[31]が設置されることとなった（行審43条、5章）。

(3) 審理手続における審査請求人の権利の拡充

審理における口頭意見陳述に際し、申立人は、審査請求に係る事件に関し、処分庁等に対して質問を発することができるものとすること（行審31条5項）、審査請求人又は参加人は、審理手続が終結するまでの間、この法律の規定により提出された書類その他の物件の閲覧又は写し等の交付を求めることができること（同38条1項）など、審理手続が整備された。

2 使いやすさの向上

使いやすさの向上のイメージは、【図表2-2】のとおりである。

(1) 主観的申立期間の延長

処分があったことを知った日の翌日から起算する主観的申立期間は、改正前の60日から3か月に延長された（行審18条1項本文、54条1項本文）。

平成16年に行政事件訴訟法が改正され、取消訴訟の出訴期間が処分又は裁決があったことを知った日から6か月（改正前3か月）に延長された（行訴14条1項本文）こととの平仄の問題も検討されたが[32]、結果的にこの度の改正では、【図表2-3】に示すように、国民の

第1節　26年法（行政不服審査法関連3法）の趣旨と概要

【図表2-2】使いやすさの向上～国民の利便性～

(1) 不服申立てをすることができる期間を60日から3か月に延長（第18条）
(2) 不服申立ての手続を審査請求に一元化
・現行は上級行政庁がない場合は処分庁に「異議申立て」をするが、処分庁から説明を受ける機会が与えられていないなど「審査請求」と手続が異なる。「異議申立て」をなくし「審査請求」に一元化（第2条）することで、こうした問題が解消
・不服申立てが大量にあるもの（国税、関税など）について、例外的に、「再調査の請求*」手続を設ける。申立人は、再調査の請求をすることなく、審査請求をすることができるものとする。（第5条）
　　　＊処分庁が簡易な手続で事実関係の再調査することによって処分の見直しを行う手続
・審査請求を経た後の救済手続として意義がある場合（社会保険、労働保険など）には、例外的に、再審査請求ができることとする。（第6条）
(3) 標準審理期間の設定（第16条）、争点・証拠の事前整理手続の導入（第37条）などにより、迅速な審理を確保
(4) 不服申立前置の見直し（図2-5参照）

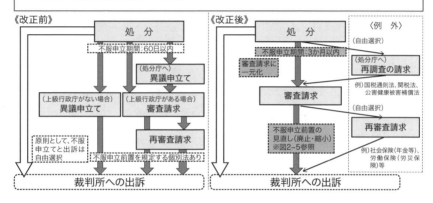

（出典）総務省行政管理局作成資料

【図表2-3】主観的申立期間の延長の考え方

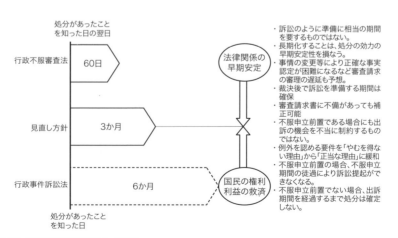

（出典）総務省行政管理局作成資料

権利利益の救済と法律関係の早期安定のバランスの観点[33]から、3か月以内という比較的小幅な延長にとどまった。

(2) 不服申立手続の一元化

旧行政不服審査法上の不服申立ては、【図表2-2】の《改正前》に示したように[34]、原則として、上級行政庁がない場合には異議申立て、上級行政庁がある場合には審査請求という基本構造が採られていた（旧行審5条1項1号本文、6条1号）。そして、上級行政庁がある場合であっても、国税不服申立てのように、個別法に定めがある場合には処分庁への異議申立てを審査請求の前に行わせることも認められていた（旧行審6条3項）。さらに、原則として法律（条例に基づく処分については、条例を含む。）に定めがある場合には、審査請求の裁決に不服がある者は、再審査請求をすることができることとされていた（旧行審8条1項1号）。

このような旧行政不服審査法上の不服申立構造については、審査請求と異議申立ての手続保障レベルが異なることは不合理であるので[35]、改正行政不服審査法では、異議申立てを廃止して、手続保障レベルの高い審査請求に原則として一元化することとされた。

ただし、不服申立ての中には、事実関係の誤りが原因となるものがあり、この場合、審査請求のような慎重な手続を経なくても、処分庁が関係資料を改めて調査することで、簡易の見直しが可能であることから、審査請求とは別に処分庁に対する再調査の請求を個別法に定めることが許容された（行審5条1項）。ここで、改正前の審査請求の前段階の異議申立てを「再調査の請求」として存置する必要性については、「要件事実の認定の当否に係る不服申立てが大量になされる処分等については、処理人員や処理期間の制約上、処分を行う際の審査に一定の限界があること等を踏まえれば、例外的に、審査請求に先立って、処分の事案・内容等を容易に把握できる行政庁に対し簡易な手続

で改めて見直しを求める手続を設けることは、不服申立人の権利利益の簡易迅速な救済及び行政における効率的な事務遂行の双方に資する面もあると考えられる。」と説明されている[36]。

なお、再審査請求については、改正後もその必要性に応じて存置されているが（行審4章）、国税とは関係しない制度であるので、本書では解説を省略する。

(3) 迅速な審理の確保

行政手続法上の申請に対する処分における標準処理期間の努力義務規定（行手6条）[37]と同様の観点から、審理の遅延を防ぎ、不服申立人の権利利益の救済を図るために、審査庁となるべき行政庁は、審理期間の目安となるものとしてあらかじめ定めるよう努めるとともに、これを定めたときは事務所における備付けその他の適当な方法により公にしておかなければならないこととされた（行審16条、同61条において再調査の請求に準用）。これを「標準審理期間の設定」という。

また、審理すべき事項が多数であり、又は錯綜しているなど事件が複雑である場合には、弁明書及び反論書が提出されたのみでは審査請求の趣旨や審査請求人と処分庁の主張の対立点等を正確に把握できないことが考えられることから、簡易迅速に国民の権利利益の救済を図るために、審理手続を計画的に遂行するための規定が創設された（行審37条）。これを「審理手続の計画的遂行」という。

以上のように、迅速な審理を確保するための規定が設けられた。

(4) 不服申立前置の見直し

この度の行政不服審査制度の見直しでは、使いやすさの向上のうちの不服申立構造の見直しの一環として、不服申立前置主義を採るさまざまな個別法の規定についても、所要の見直しが行われている【図表2-4】。

この見直しによって、不服申立前置を規定する個別法96のうち68

第2章　平成26年改正の趣旨

【図表2-4】不服申立前置の見直し

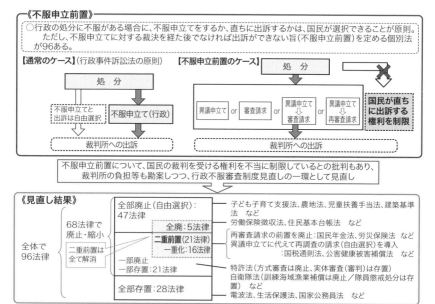

(出典) 総務省行政管理局作成資料

法律で廃止ないし縮小されている。また、この不服申立前置の見直しによって、二重前置（21法律）については全て解消された。

この不服申立前置の見直しに当たって、次のいずれかに該当する場合には不服申立前置を存置することとして、不服申立前置を規定するための基準[38]が示された[39]。

① 不服申立ての手続に一審代替性（高裁に提訴）があり、国民の手続負担の軽減が図られている場合

② 大量の不服申立てがあり、直ちに出訴されると裁判所の負担が大きくなると考えられる場合

③ 第三者的機関が高度に専門技術的な判断を行う等により、裁判

所の負担が低減されると考えられる場合

なお、国税通則法については、このうち②の基準に該当するので、審査請求前置主義は、存置されることとされた（税通115条1項本文）。

3 国民の救済手段の充実・拡大

この度の改正では、行政不服審査法の改正と併せて、処分及び行政指導に関する手続について、国民の権利利益の保護の充実を図るため、法律の要件に適合しない行政指導の中止等を求める制度及び法令に違反する事実の是正のための処分又は行政指導を求める制度を行政手続法上に整備している【図表2-5】。

【図表2-5】国民の救済手段の充実・拡大～行政手続法の改正～

○不服申立ては、行政処分により不利益を受けた場合に行政に不服を申し出る仕組みであるが、それ以外にも以下のような場合を、法律上の仕組みとして位置付けた。

〔見直し内容〕
(1) (法令違反の事実を発見すれば)是正のための処分等を求めることができる。(第36条の3)
　・国民が、法律違反をしている事実を発見した場合に、行政に対し適正な権限行使を促すための法律上の手続を定めるもの
(2) (法律の要件に適合しない行政指導を受けたと思う場合に)中止等を求めることができる。(第36条の2)
　・法律に基づく行政指導を受けた事業者が、行政指導が法律の要件に適合しないと思う場合に、行政に再考を求める申出を法律上の手続として位置付けるもの

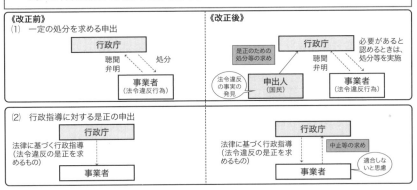

（出典）総務省行政管理局作成資料

(1) 処分等の求め

国民が法律違反をしている事実を発見した場合に、行政に対し適正な権限行使（是正のための処分・行政指導）を促すための法律上の手続が創設された。これを「処分等の求め」という。

① 制度の内容と趣旨

何人も、法令に違反する事実がある場合において、その是正のためにされるべき処分又は行政指導（その根拠となる規定が法律に置かれているものに限る。）がされていないと思料するときは、当該処分をする権限を有する行政庁又は当該行政指導をする権限を有する行政機関に対し、その旨を書面で申し出て、当該処分又は行政指導をすることを求めることができる（行手36条の3第1項）。

かかる申出書には、次に掲げる事項を記載しなければならない（行手36条の3第2項各号）。

① 申出をする者の氏名又は名称及び住所又は居所
② 法令に違反する事実の内容
③ 当該処分又は行政指導の内容
④ 当該処分又は行政指導の根拠となる法令の条項
⑤ 当該処分又は行政指導がされるべきであると思料する理由
⑥ その他参考となる事項

この申出を受けた行政庁等は、必要な調査を行い、その結果に基づき必要があると認めるときは、当該処分又は行政指導をしなければならない（行手36条の3第3項）。

処分等の求めは、平成16年に改正された行政事件訴訟法において創設された非申請型義務付け訴訟（行訴3条6項1号）[40]に行政レベルで対応するものとして[41]、行政手続法が規定する事前手続として整備されたものである。

処分等の求めの法的性格は、「行政の職権発動を促すものであり、

一定の処分を求める申請の制度を定めるものではな（い）」[42]と説明されており、行政庁は必要な調査の結果、「必要があると認めるとき」に処分又は行政指導をしなければならないが、申出に対する応答義務は負わない（行手36条の3第3項）。そのため、申出が受け容れられなかったことについて訴訟で争われることは、想定されていない。

また、「何人も」と規定されていることから、【図表2-5】に示したように、基本的には、被処分者ではない第三者からの申出が想定されている。

② 国税に係る処分又は行政指導に関する手続に与える影響

処分等の求め（行手36条の3）は、国税通則法上適用除外とされていないので（税通74条の14等参照）、基本的には、国税に係る処分及び行政指導に関する手続についても適用される。

しかしながら、前述のように、処分等の求めは、第三者からの申出が予定されている制度であるため、租税の特に確定手続の領域に係る実務への活用は、基本的に想定しづらい。

なお、処分等の求めは、20年法案が基本的に踏襲されており、20年法案が提出された時点では、処分等の求めを、期限徒過等により更正の請求ができない場合に職権による減額更正を促す手続として、すなわち「嘆願」に替わる手続として活用することができないかという見解が出された[43]。しかし、その後、平成23年12月の国税通則法改正において、更正の請求の期間は減額更正期間と基本的に同一とされているので、現在は「嘆願」の問題は解消されている。

(2) 行政指導の中止等の求め

① 制度の内容と趣旨

「行政指導の中止等の求め」とは、行政指導[44]（その根拠となる規定が法律に置かれているものに限る。）を受けた事業者が、行政指導

が法律の要件に適合しないと思料する場合に、行政に再考を求める申出を法律上の手続として位置付けるもので（行手36条の2第1項本文）、この度の改正により創設された。ただし、その行政指導がその相手方について弁明その他意見陳述のための手続を経てされたものであるときは、この制度の適用はない（同条1項ただし書）。

かかる申出書には、次に掲げる事項を記載しなければならない（行手36条の2第2項各号）。

① 申出をする者の氏名又は名称及び住所又は居所
② 当該行政指導の内容
③ 当該行政指導がその根拠とする法律の条項
④ ③の条項に規定する要件
⑤ 当該行政指導が前号の要件に適合しないと思料する理由
⑥ その他参考となる事項

また、前述の処分等の求めは、第三者からの申出が想定されているが、これに対して、行政指導の中止等の求めは、当該行政指導の相手方本人が対象とされている（行手36条の2第1項本文）。

そして、行政指導の中止等の求めも、前述の処分等の求めと同様に、行政機関は、必要な調査を行いその結果に応じて当該行政指導の中止その他必要な措置をとらなければならないが、申出に対する応答義務は負わない（行手36条の2第3項）。

② 国税に係る行政指導に関する手続に与える影響

行政指導の中止等の求め（行手36条の2）は、国税通則法上の適用除外とはされていない（税通74条の14等参照）。ただし、行政指導（酒税法上の免許等に関する行政指導を除く。）について書面の交付を求める手続（行手35条3項）、及び複数の者を対象とする行政指導（同36条）の規定は、国税に関する法律に基づく納税義務の適正な実現を図るために行われる行政指導については適用されないことと

されている（税通74条の14第2項）。

　租税行政上にあっては、国税に関する法律に基づく納税義務の適正な実現を目的として、修正申告又は期限後申告の勧奨、税務相談における指導、記帳及び記録保存指導、自主納付の慫慂等の様々な行政指導が行われている[45]。

　例えば、このうち、修正申告又は期限後申告の勧奨については、その根拠となる規定が国税通則法上に置かれているので（税通74条の11第3項）、当該勧奨が違法であると納税者が思料する場合には、行政指導の中止等の求めを行う余地がある。もっとも、実際には現場の運用次第であるが、勧奨の前にその是非について反論の機会が与えられた場合には、行政指導の中止等の求めは不可となるものと解される（行手36条の2第1項ただし書）。

　また、修正申告等の勧奨が違法・不当な場合であっても、行政指導の中止等の求めという手続を採るまでもなく、税務調査に立ち会う税理士としては、調査の過程で調査官や税務署長との折衝により解決を図ることが現実的であろう[46]。

注

28 ただし、審理員は、審査庁に所属する職員（非常勤を含む。）であり、組織法的には完全な第三者とはいえない。すなわち、理論的には審査庁の指揮監督下にあり、職権行使の独立を保証する明文規定も置かれていない（新行審17頁）。

29 見直し方針5～6頁。

30 見直し方針7～8頁。

31 審査庁が主任の大臣等である場合の諮問機関は「行政不服審査会」であり、審査庁が地方公共団体の長である場合は執行機関の附属機関がこれにあたることとなる（行審43条）。

32 この検討の内容については、本章第15節3（81頁）参照。

33 見直し方針12～13頁も参照。なお、改正前の国税に関する不服申立期間についても、「権利の救済と、行政処分の効果ないし行政上の法律関係を早期に安定せしめることとの二つの要請の調和を図る趣旨である。」と説明されている（精解（平成25年改訂）940頁）。

34 第1章第2節1⑵（10頁）も参照。

35 異議申立ては、一方当事者の処分庁が審理を実施するため、審査請求のような弁明書及び反論書の提出や証拠書類の閲覧が規定されていないなど公正な審理手続に欠

第2章 平成26年改正の趣旨

　　ける。

36　見直し方針4頁。ここで「不服申立てが大量になされる処分等については、(…中略…) 処分を行う際の審査に一定の限界がある」ことについて、最判昭和49年7月19日民集28巻5号759頁は、「国税の賦課に関する処分が大量かつ回帰的なものであり、当初の処分が必ずしも十分な資料と調査に基づいてされえない場合がある」と述べている。

37　ただし、国税に関する法律に基づき行われる処分等については適用除外とされている（税通74条の14第1項）。

38　今後、新たに制定される法律における不服申立前置の規定に当たってもこの3基準に依ることとされる。

39　見直し方針16～18頁。

40　「非申請型義務付け訴訟」とは、申請を前提とせず行政庁に一定の処分をすべき旨を命ずることを求める抗告訴訟である（行訴3条6項1号）。非申請型義務付け訴訟には、一定の処分がされないことにより重大な損害を生ずるおそれがあり（重大性の要件）、かつ、その損害を避けるため他に適当な方法がないとき（補充性の要件）に限り、提起することができる、として2つの訴えの要件が規定されている（行訴37条の2第1項）。また、「行政庁が一定の処分をすべき旨を命ずることを求めるにつき法律上の利益を有する者」でなければ、この訴えを提起することができない（同条3項）。

41　「申請型義務付け訴訟」（同項2号）に対応するものとしては、不作為についての審査請求及びその裁決に係る規定がこの度の改正で整備されている（行審法3条、49条）。

42　最終報告45頁。

43　青木丈「改正行政手続法（案）上の『処分等の求め』の租税実務への活用-所謂『嘆願』の問題を解決するために」東京税理士界632号5頁（平成21年・東京税理士会）。

44　「行政指導」とは、行政機関がその任務又は所掌事務の範囲内において、一定の行政目的を実現するため特定の者に一定の作為又は不作為を求める指導、勧告、助言その他の行為であって処分に該当しないものをいう（行手2条6号）。

45　精解947頁。

46　平成25年3月に実施された「行政不服審査制度の見直しに係るヒアリング」では、「実務上、『行政指導の中止等の求め』をする場面があるだろうか。税務調査が終わった後に「修正申告してはいかがですか」といった行政指導をするのはごく普通のことであり、それに対して『（そのような行政指導は）やめてくれ』と言えば『では（行政指導は）もうしません』となるのではないか。」との質問に対し、日本税理士会連合会は、「税理士が付いていれば大丈夫だと思うが、付いていない場合にはいろいろあると聞いている。そのような場合に、救済方法が用意されている（明らかとなっている）ことが重要。どこまで実効性があるかは分からないが。」と回答している（総務省行政管理局「行政不服審査制度の見直しに係るヒアリング　議事概要」（平成25年3月22日）12–13頁）。

第2節　国税不服申立制度改正の概要

以上の行政不服審査法の全部改正に伴い、その特別法である国税通則法8章1節の不服審査に係る規定も整備法の一つとして（行政不服審査法の施行に伴う関係法律の整備等に関する法律（平成26年法律69号）99条）、基本的に行政不服審査法の改正内容と同様に全面的に見直されている（国税不服申立てに関する改正事項一覧については、【図表1-5】（19頁）を参照）。

まず、ここで改正全体の概要のイメージ図を示しておく【図表2-6】。

【図表2-6】　国税不服申立制度の改正

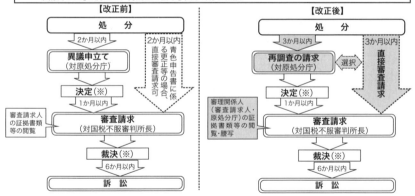

（出典）財務省解説1124頁

以下では、国税通則法の改正内容のうち重要と思われるものの趣旨等について、一般法たる行政不服審査法の改正の趣旨も参考にしながら解説することとする。

第3節　異議申立前置主義の廃止
　　　　―選択制の「再調査の請求」へ

1　異議申立ての廃止と「再調査の請求」の創設

　本章第1節2⑵（28頁）で述べたように、改正行政不服審査法において、従来の異議申立ては廃止され審査請求に一元化されたが、審査請求とは別に処分庁に対する再調査の請求を個別法に定めることが許容された。

　これにより、国税不服申立てにおける審査請求の前段階の「異議申立て」については「再調査の請求」に衣替えすることとなった（税通75条1項1号イ）。

2　異議申立前置主義の廃止

　旧行政不服審査法は、審査請求の前段階に異議申立てをすることができるときは、原則として、その異議決定を経た後でなければ、審査請求をすることはできないこととされていた（旧行審20条1項本文）。これに対して、改正行政不服審査法においては、再調査の請求を審査請求に前置強制する規定は設けられていないので、従来の異議申立前置主義は廃止されたこととなる。

　この見直しと合わせて、国税不服申立てにおいても再調査の請求は選択制とされ、国税に関する処分に不服がある者は、全ての処分につき、国税不服審判所長に対して直接審査請求をすることもできることとされた。

　この度の改正によって再調査の請求が創設される法律は、国税通則法の他には、関税法（昭和29年法律61号）、とん税法（昭和32年法律37号）、特別とん税法（昭和32年法律38号）及び公害健康被害の

補償等に関する法律（昭和48年法律111号）のみである（このうち、とん税法は関税法の準用規定であり、特別とん税法はとん税法の準用規定）。

　これらの法律のうち、申立件数で大部を占めるのは国税通則法である。改正行政不服審査法において異議申立前置主義が廃止された背景[47]には、平成23年12月改正において国税通則法上の事前手続に係る規定が抜本的に見直されたことが大きく影響しているものと考えられる。すなわち、同改正において、平成25年1月1日から、全ての納税者に処分時の理由付記が実施されることとされている（行政手続法上の「理由の提示」に係る規定（8条及び14条）を適用（税通74条の14第1項括弧内））ことの影響である。

　いずれにしても、専ら法解釈について争いたい場合など、処分庁による処分の見直しは期待しづらいケースもあるので、直接審査請求できることとする改正は、審査請求や訴訟を急ぐ申立人の利便性に資するものとして評価することができる（審査請求前置主義（税通115条1項柱書本文）はなお従前のままであるが、審査請求後3か月を経れば訴訟提起可能（同項1号））。

　もっとも、再調査の請求をしたときには、3か月経過又は正当な理由がある場合の例外を除き、原則として、当該再調査の請求についての決定を経た後でなければ、審査請求はできない（税通75条4項）。また、再調査の請求についての決定後の審査請求期間は、旧法から変わらずわずか1か月しかないので（税通77条2項本文）、これらの点は、実務上、注意を要することとなろう。

3　審査請求前置主義の存置

　この度の行政不服審査制度の見直しでは、不服申立前置主義を採るさまざまな個別法の規定についても、所要の見直しが行われたが、国税通則法上の審査請求前置主義は、「大量の不服申立てがあり、直ち

に出訴されると裁判所の負担が大きくなると考えられる場合」に該当するので、存置することとされた[48]。

したがって、国税に関する法律に基づく処分の取消しを求める訴えは、従来と同様に、原則として審査請求についての裁決を経た後でなければ、提起することができない（税通115条1項本文）。

ただし、審査請求がされた日の翌日から起算して3か月を経過しても決定又は裁決がないとき等については、裁決を経ないで、裁判所に訴えを提起することができることについても、基本的に旧法が維持されている（税通115条1項ただし書）。

注

[47] 今回の改正行政不服審査法は、平成20年4月に国会提出され翌年7月に廃案となった行政不服審査法案（20年法案）がベースとされているが、同法案においては、現行の異議申立前置主義が踏襲され、再調査の請求は審査請求に前置強制されていた（同法案5条）。
[48] 本章第1節2(4)（29頁）参照。

第4節　不服申立期間の延長

1　主観的申立期間の延長

改正行政不服審査法において、主観的申立期間は改正前の60日から3か月に延長された（行審18条1項本文、54条1項本文）[49]。

この見直しに合わせて、国税不服申立てにおける主観的申立期間についても、現行の2か月から3か月に延長された（税通77条1項本文）。

2　再調査の請求についての決定後の審査請求期間

改正行政不服審査法において、再調査の請求についての決定に不服があり第二審たる審査請求に移行する場合の審査請求期間は、従前どおりの1か月[50]である（行審18条1項括弧内）。これは、3か月の再調査の請求期間が認められている上、既に再調査の請求を経ており、処分があったことを知った日から相当期間が経過しているので、1か月という短い申立期間でも充分であると考えられたためである[51]。

これに合わせて、改正国税通則法においても、再調査決定書の謄本の送達があった日の翌日から1か月という期間が維持された（税通77条2項本文）。

この度の改正においてこの期間が延長されなかったことから、改正後の主観的申立期間3か月や先に改正された行訴法上の出訴期間6か月と較べると、わずか1か月という相対的にきわめて短い期間となるので、実務上は注意が必要である。

3　客観的申立期間

処分があったことを知らなかった場合等であっても、処分があった日の翌日から起算して1年を経過したときは、不服申立てはすること

ができないという客観的申立期間については、改正行政不服審査法において、従前どおりとされており（行審18条2項本文、54条2項本文）、改正国税通則法においても同様である（税通77条3項本文）。

4 正当な理由があるときの救済措置

　改正行政不服審査法において、主観的申立期間の例外事由について、客観的申立期間の救済規定（行審18条2項ただし書、54条2項ただし書）及び平成16年の改正行政事件訴訟法において改められた主観的出訴期間の例外規定（行訴14条各項ただし書）に合わせて拡大し、「正当な理由」があるときは、不服申立期間経過後にも不服申立てができることとして国民の不服申立ての機会を拡大することとした（行審18条1項ただし書、54条1項ただし書）。

　この改正に伴い、旧行政不服審査法上の天災その他審査請求をしなかったことについてやむを得ない理由がある場合における主観的申立期間の例外規定（旧行審14条2項）及び処分庁が誤って法定の期間よりも長い期間を審査請求期間として教示した場合において、その教示された期間内に審査請求がされたときは、当該審査請求は、法定の審査請求期間内にされたものとみなす規定（旧行審19条）は、いずれも「正当な理由」として救済されることとなるため、改正行政不服審査法においては、これらに相当する規定は設けられていない。すなわち、**【図表2-7】**のとおり、従来の「天災その他やむを得ない理由」や「教示の誤り」は、「正当な理由」に含まれるということになる。

　この見直しに合わせて、国税不服申立てにおける主観的申立期間（再調査の請求についての決定後の審査請求期間を含む。）の例外についても、客観的申立期間の救済規定（税通77条3項ただし書）に合わせて、「天災その他やむを得ない理由があるとき」から「正当な理由があるとき」に改められ（税通77条1項ただし書・2項ただし書）、誤って長い不服申立期間を教示した場合の救済規定（旧税通77条6

【図表2-7】正当な理由の範囲

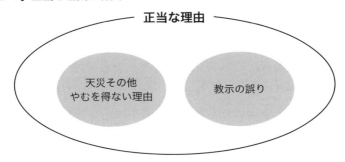

(出典)著者作成

項)は削除された。

　この「正当な理由」の該当性は、行政事件訴訟法14条各項ただし書の場合と同様に、個別の事件ごとに判断されることとなる。「正当な理由」の具体例としては、処分時の教示がなかった場合のほか、災害、病気、怪我又は海外出張等の事情が考えられる[52]。

注

49　改正行政不服審査法における主観的申立期間延長の趣旨については、本章第1節2(1)(26頁)参照。
50　旧法では「30日」とされていた(旧行審14条1項括弧内)。
51　新行審86頁、逐条116～117頁。
52　宇賀克也『行政法概説Ⅱ　行政救済法〔第5版〕』(平成27年、有斐閣)146頁参照。「正当な理由」の具体例についての通達の定めについては、第3章第6節3(105頁)参照。

第5節　標準審理期間の設定

　改正行政不服審査法において、審査庁となるべき行政庁は、審理期間の目安となるものとしてあらかじめ標準審理期間を定めるよう努めるとともに、これを定めたときは、事務所における備付けその他の適当な方法により公にしておかなければならないこととされた（行審16条、同61条において再調査の請求に準用）[53]。

　この改正に合わせ、国税通則法においても、同様の規定が創設された（税通77条の2）。改正法施行にあわせて設定された具体的な標準審理期間については、第3章第7節（106頁）を参照されたい。

　もっとも、国税庁では、旧法下においても、運用により、異議申立ては3か月、審査請求は1年と、それぞれ目標処理期間を定めており、いずれも例年90％以上という処理実績であった[54]。この度の改正により、標準審理期間の設定の努力義務規定として創設されたことにより、より一層有効な審理手続が期待される。

注

[53]　改正行政不服審査法において、標準審理期間の設定が創設された趣旨については、本章第1節2(3)（29頁）参照。

[54]　平成27年度の異議申立ての3か月以内の処理件数割合は99.3％（割合は、相互協議事案、公訴関連事案及び国際課税事案を除いて算出）であり（国税庁「平成27年度における異議申立ての概要」（平成28年6月））、審査請求の1年以内の処理件数割合は96.3％である（国税不服審判所「平成27年度における審査請求の概要」（平成28年6月））。

第6節　担当審判官等の指定

1　担当審判官等の除斥事由

　改正行政不服審査法では、「審理を客観的かつ公正なものとし、審査請求人の手続的権利を保障することにより、従前以上に行政の自己反省機能を高め、簡易迅速で公正な手続により、国民の権利利益の救済を図り、あわせて行政の適正な運営を確保するため」[55]、処分に関与していないなど一定の要件を満たす「審理員」が審査請求の審理を行うこととされた（行審9条1項・2項）。

　国税不服審判所では、従来から、運用上、実質的な審理を担う担当審判官及び参加審判官（以下「担当審判官等」という。）には、審査請求に係る処分に関与した者や審査請求人の親族となっている者以外のものが国税不服審判所長から指定されていたところであるが[56]、改正国税通則法においても上述の改正行政不服審査法と合せて、担当審判官等の除斥事由[57]が明文化された（税通94条2項）。

2　担当審判官等の指定時期

　改正前の国税通則法の条文では、担当審判官等の指定時期について、「答弁書が提出されたとき」とされていたが（旧税通94条1項）、改正により、この「答弁書が提出されたときは」との文言が削除された（税通94条1項）。そのため、改正法の条文上は担当審判官等の指定時期は明らかでないが、答弁書の提出よりも前段階（たとえば形式審査の終了時）でも担当審判官等を指定することができることとして、迅速性を高める趣旨と考えられる【図表2-8】[58]。

第2章 平成26年改正の趣旨

【図表2-8】イメージ：担当審判官の指定時期

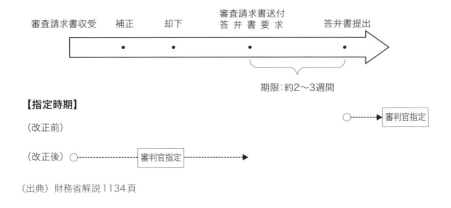

（出典）財務省解説1134頁

注

55 最終報告17頁。
56 財務省解説1134頁。
57 具体的な除斥事由については、第5章第6節2(2)（212頁）参照。
58 この点、財務省主税局の担当官は、「具体的には、原則として国税不服審判所長による形式審査により却下する事件を除き、補正を了した段階で担当審判官を指定することができることとされました。さらに、補正に時間を要する場合もあることから、審査請求人の主張整理を行うことを目的とした審査請求人面談等を実施するため、補正を了する前に担当審判官を指定することもできることとされています。」と説明している（財務省解説1134頁）。

第7節　口頭意見陳述の整備

　改正前の国税通則法では、担当審判官は、審査請求人から口頭意見陳述の申立てがあったときは、その機会を与えなければならないこととしていたが（旧税通84条1項前段、101条1項）、口頭意見陳述に紛争の相手方である原処分庁が同席することは規定されていなかった。この点、この度の改正により、口頭意見陳述における全ての審理関係人（審査請求人、参加人及び原処分庁）の招集（税通84条2項、95条の2第3項）及び審査請求人の原処分庁に対する質問権（同95条の2第2項）が規定された。

　これは、対審的な審理構造を導入することにより、審査請求人の手続保障の充実を図ろうとするものである。

　なお、口頭意見陳述での原処分庁に対する質問についての応答義務は規定されていないが、これは、全ての審理関係人を招集して審理を行う趣旨に鑑みて、質問に対して原処分庁が適切に応答すべきことは当然であることから[59]、あえて応答義務を規定する必要性はない、との趣旨である【図表2-9】[60]。

【図表2-9】口頭意見陳述の改正イメージ

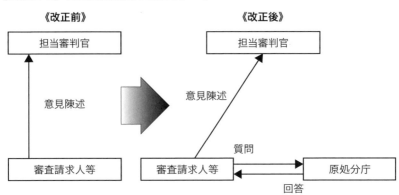

（出典）黒野功久「国税不服申立制度の改正」租税研究798巻（平成28年・日本租税研究協会）88頁

第2章　平成26年改正の趣旨

注

59 その場では応答することができずに、持ち帰って後日回答というケースは当然に想定できる。また何らの応答もしない場合には、担当審判官の心証形成に悪影響を及ぼすこととなろう。

60 見直し方針11頁では、「口頭意見陳述における処分庁に対する質問について、応答義務を課すべきとの意見もあるが、全ての審理関係人を招集して審理を行う趣旨等を踏まえると、質問に対し処分庁等が適切に回答すべきものであることは当然であり、あえて応答義務を規定する必要はないものと考えられる。」と述べられている。

第8節　審理のための質問・検査等

　改正前の国税通則法では、担当審判官による質問検査権は、審査請求人若しくは参加人の申立て又は職権により認められていたが（旧税通97条、109条4項）、改正法により、審査請求人又は参加人に加え、同じく審理関係人[61]を構成する原処分庁も申立てができることとされた（職権については旧法どおり。税通97条1項柱書）。

　この改正は、後述の原処分庁による閲覧等の請求（税通97条の3）と同様に、改正行政不服審査法の規定に準拠するものではなく、改正国税通則法独自のものである。改正行政不服審査法では、原則として処分庁の最上級行政庁が審査庁となることから（行審4条）、あえて原処分庁からの調査申立てを規定する必要がないものと考えられたが、国税不服申立てにおいては、原処分庁とは独立した第三者的機関である国税不服審判所が審理に当たることから、原処分庁にも担当審判官による調査の申立てができることとされたものと考えられる。

注
[61] 「審理関係人」とは、審査請求人、参加人及び原処分庁の3者を合わせていう（税通92条の2）。

第9節　審理手続の計画的遂行

　改正行政不服審査法では、審理すべき事項が多数であり、又は錯綜しているなど事件が複雑である場合には、弁明書及び反論書が提出されたのみでは審査請求の趣旨や審査請求人と処分庁の主張の対立点等を正確に把握できないことが考えられることから、簡易迅速に国民の権利利益の救済を図るために、審理手続を計画的に遂行するための規定が創設された（行審37条）。これを「審理手続の計画的遂行」という。

　この見直しに合わせ、改正国税通則法においても同様の規定が設けられた。具体的には、審理すべき事項が多数であり又は錯綜しているなど事件が複雑である場合等につき、口頭意見陳述（税通95条の2）、証拠書類等の提出（同96条）及び審理のための質問検査等（同97条1項）の手続をスムーズに実施するために、事前に指定された日時に担当審判官が指定する場所に出頭して又は電話によって、審理関係人[62]に対して、担当審判官が意見を聴取することができることとされた（同97条の2第1項、2項）。この意見の聴取を行った場合、担当審判官は、審理手続の終結の予定時期を審理関係人に遅滞なく通知するもの（予定時期を変更したときも同様）とされている（同条3項）[63]。

　近年、国税不服審判所では、透明性の確保を図るために実施する施策の一環として、担当審判官、審査請求人等及び原処分庁との間で、事件の理解を共通し、主張及び争点を明確にすることにより、適正かつ迅速な裁決に資するため、担当審判官は、当事者双方と同席の上、当事者から主張等について説明を求める「同席主張説明」や、当事者双方の主張を的確に把握し争点が課税要件事実に沿って整理されているか否かを確認するため、また、当事者双方が争点を共通して認識するため、担当審判官による当事者双方への「争点の確認表の交付」などを、運用上、行っている。

今後は、改正法による争点及び証拠の整理に係る手続が、従来運用上行われていた「同席主張説明」や「争点の確認表の交付」などとあわせて、効率的に実施されることが期待される。

注

62　「審理関係人」とは、審査請求人、参加人及び原処分庁の3者をいう（税通92条の2）。
63　これらの具体的な取扱いについては、第5章第12節3（236頁）参照。

第10節　審理関係人による物件の閲覧等

　改正前の国税通則法では、審査請求人及び参加人に対して、原処分庁から提出された書類その他の物件の閲覧請求権を認めていた（旧税通96条、109条5項）。

　改正法では、この閲覧請求権に加え謄写請求権（当該書類の写し又は当該電磁的記録に記録された事項を記載した書面の交付の求め）も認めるとともに、この閲覧・謄写請求権の対象に担当審判官の職権収集資料（税通97条1項2号に基づき提出された物件が対象）が加えられた（同97条の3第1項）。

1　担当審判官の職権収集資料の閲覧等

　担当審判官は、当事者双方の主張を整理するだけでなく、職権で自ら事実関係を調査することもできるので（税通97条）、担当審判官の職権収集資料が閲覧・謄写の対象とされることは、審理の透明性や公正性に資する趣旨ということができる。

　なお、閲覧等の対象は担当審判官の職権収集資料（税通97条1項2号）であり、担当審判官による質問（同項2号）の記録については閲覧等の対象とされていない。この点は、衆・参の両総務委員会でなされた附帯決議において言及されているものの、審理手続における審理関係人又は参考人の陳述の内容が記載された文書の閲覧・謄写については、今後の検討に委ねられている[64]。

2　謄写請求権の創設

　改正前の審理手続では、謄写請求権が規定されていなかったので、審査請求人等は、複雑難解な税務の閲覧資料を大変な手間をかけて書き写していた状況があった[65]。

かかる状況に鑑みれば、改正法により謄写請求権が規定されたことは、審査請求人の利便性に資する趣旨ということができる。

謄写の具体的な手続については、第5章第11節（233頁）を参照されたい。

3　原処分庁への閲覧等請求権の付与

改正前の国税通則法では閲覧請求権は審査請求人及び参加人に認められていたが（旧税通96条、109条5項）、改正法の閲覧・謄写請求権の主体は審理関係人[66]とされ、原処分庁にも閲覧・請求権が認められることが確認的に規定されている（税通97条の3第1項）。

この改正は、本章第8節（49頁）で述べた原処分庁からの担当審判官による質問検査等の申立て（税通97条1項柱書）と同様に、改正行政不服審査法に準拠するものではなく、改正国税通則法独自のものである。

改正行政不服審査法では、処分庁の最上級行政庁が審査庁となることを踏まえ、処分庁からの閲覧・謄写請求権についてはあえて規定されていないが[67]、国税不服審判所は処分庁とは独立した第三者的機関であることから、国税通則法上は原処分庁による閲覧・謄写請求権が規定されたものと考えられる。

もっとも、改正前においても、運用上、担当審判官の裁量により原処分庁にも閲覧させることは可能であったが、近時の国税審判官の民間登用[68]や国税通則法99条の改正[69]を受けて、国税不服審判所の第三者性が高まっていることから、明文をもって原処分庁にも閲覧・謄写請求権を認めることが適当とされたものと考えられる[70]。

第2章　平成26年改正の趣旨

注

64 本章第15節2⑷（80頁）参照。

65 国税不服審判所『審査事務の手引』（平成23年7月）88–89頁には、以下のように記述されていた。

　「（書類等の謄写等の要求）

　　615　担当審判官は、閲覧請求人が閲覧をした書類等の謄写（写真撮影を含むが書き写すことは含まない。）及び写しの交付を求められたときは、これには応じないものとする。」

66 「審理関係人」とは、審査請求人、参加人及び原処分庁の3者をいう（税通92条の2）。

67 見直し方針11頁。

68 国税審判官の民間登用については、第3章第4節2⑶（100頁）参照。

69 次節（55頁）参照。

70 平成23年度税制改正大綱8頁には、「証拠書類の閲覧・謄写の範囲については審査請求人と処分庁とのバランスを踏まえつつ拡大する方向で、それぞれ検討を行う」と記述されていた。

　また、原処分庁による閲覧・謄写請求権を規定する必要性について、財務省は以下のように述べている（総務省行政管理局「行政不服審査制度の見直しに係るヒアリング　議事概要」（平成25年3月22日）7頁）。

　「国税不服審判所と国税庁は緊張関係にあり、現制度においても、国税通則法第96条で審査請求人には閲覧請求権が認められているが、原処分庁には認められていないことから、処分庁側が閲覧したい資料を審判所から閲覧させてもらえるわけではない。処分庁としては、閲覧請求できるようにしてほしいという気持ちがある。また、国税不服審判所の第三者性が高まっている中で、そうした懸念が強まってきているところもある。」

第11節　国税庁長官の法令の解釈と異なる解釈等による裁決

　国税通則法99条は、国税不服審判所長が国税庁長官の法令解釈と異なる解釈による裁決又は重要な先例となる裁決をするときの手続につき規定しているが、これが改正され、国税庁長官の国税不服審判所長に対する指示が廃止された。

　この改正は、この度の改正行政不服審査法に伴う整備法としての改正ではなく、平成26年度税制改正（所得税法等の一部を改正する法律（平成26年法律10号））により改正されたものであり、当該改正法は、平成26年3月31日に公布され、同年4月1日より施行されている。この改正は、平成26年度税制改正の大綱においては、本書で解説している行政不服審査法の改正に伴う国税不服申立ての見直しの内容とセットで記載されており[71]、先行的に改正・施行されたものということができる。そこで、本書においても、かかる改正内容につき解説することとする。

　この改正により、国税不服審判所長は、国税庁長官が発した通達に示されている法令の解釈と異なる解釈により裁決をするとき、又は他の国税に係る処分を行う際における法令の解釈の重要な先例となると認められる裁決をするときは、あらかじめその意見を国税庁長官に通知し（税通99条1項）、国税庁長官が国税不服審判所長の意見を相当と認める一定の場合を除き、国税庁長官及び国税不服審判所長の連名で国税審議会に諮問し（同条2項）、国税審議会は双方に答申（議決）、その議決に基づいて、国税不服審判所長は裁決し（同条3項）、国税庁長官は通達の改正等を行うこととなる【図表2-10】。なお、ここで「他の国税に係る処分を行う際における法令の解釈の重要な先例となると認められる裁決をするとき」とは、法令の解釈に関する国税庁

第2章 平成26年改正の趣旨

【図表2-10】国税通則法99条の改正

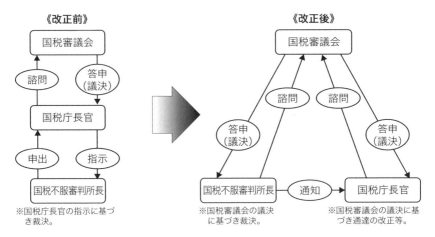

(出典) 著者作成

長官通達が存在しない場合であって、裁決で採用しようとする法令の解釈が他の処分を行う際における重要な先例となると認められるときをいう（審通（審）99-1）。

ちなみに、昭和45年5月に国税不服審判所が設置されて以来、国税通則法99条が適用されたケースは9件であり、その全てが国税庁長官の具申に対し国税庁長官が当該意見を相当と認めたものであり、国税不服審判所長の具申に対し国税庁長官が当該意見を不相当としたもの（国税審議会に諮問されたもの）は0件である【図表2-11】。

この件数の多寡の評価は難しいところであるが、いずれにしても、今回の改正は、国税庁長官の国税不服審判所長に対する指示を廃止したものであるから、国税不服審判所の国税庁からの独立性を高めるものとして評価することができよう。

第11節　国税庁長官の法令の解釈と異なる解釈等による裁決

【図表2-11】国税通則法第99条に基づく意見申出事案の状況

1．国税不服審判所長の申出に対し、国税庁長官が当該意見を相当と認めたもの…9件

	裁決年月 （審査請求年月）	処理期間	件　名	意見申出の趣旨	結論
1	昭和46年9月 （昭和44年2月）	2年8月	仮装経理に基因する減額更正に伴う法人税の還付について	法人税法第70条第1項は、解散している法人には適用されないから、仮装経理に基づく減額更正に伴う過誤納金を破産会社に即時還付すべきである。	所長意見通り （原処分の一部取消し）
2	昭和47年11月 （昭和46年3月）	1年8月	外国人である被相続人に課されるべき国税の承継について	被相続人が外国人である場合の共同相続人の国税通則法第5条第2項の規定による納付義務の承継額は、民法の規定による相続分ではなく、法例第25条の規定により、被相続人の本国法による相続分により計算すべきである。	所長意見通り （原処分の一部取消し）
3	昭和49年3月 （昭和47年2月）	2年1月	外国人である役員等の休暇帰国に当たって支給した旅費について	外国法人が外国人である役員及び使用人に支給した休暇帰国のための旅費は、外国法人の業務上必要な旅費に当たるから、賞与と認定した原処分は取り消されるべきである。	所長意見通り （原処分の全部取消し）
4	昭和54年9月 （昭和54年3月）	6月	資産を取得するために要した借入金利子の取得費算入について	土地取得後、これを利用することなく譲渡した場合には、その土地の取得に要した借入金の利子は、当該土地の取得費に算入するのが相当である。	所長意見通り （原処分の全部取消し）
5	昭和54年9月 （昭和54年3月）	6月	資産を取得するために要した借入金利子及び借入債務担保のための抵当権設定費用の取得費算入について	土地取得後、これを利用することなく譲渡した場合には、その土地の取得に要した借入金の利子及び借入債務担保のための抵当権設定費用は、当該土地の取得費に算入するのが相当である。	所長意見通り （原処分の一部取消し）
6	昭和55年12月 （昭和53年10月）	2年2月	相続税における定期預金の評価について	相続税における定期預金の評価上、既経過利子の額の算定については、解約利率により算定した額から源泉所得税額を控除すべきである。	所長意見通り （原処分の全部取消し）

第2章　平成26年改正の趣旨

	裁決年月 (審査請求年月)	処理期間	件名	意見申出の趣旨	結論
7	平成2年6月 (昭和63年12月)	1年7月	既に居住している家屋の共有持分を追加取得した場合における住宅取得特別控除の適用について	共有持分権は、一個独立の所有権たる性質を有するものであって、通常の所有権と同じく目的物を使用・収益・処分する機能を持つものと解されるから、既に居住している家屋の共有持分の追加取得は、租税特別措置法第41条に規定する「既存住宅の取得」に当たる。	所長意見通り (原処分の一部取消し)
8	平成3年4月 (昭和63年12月)	2年5月	代償分割が行われた場合の相続税の課税価格の計算について	裁判所における審判、調停、和解等により代償分割が行われ、かつ、その代償分割により金銭を交付する者が遺産分割により取得した財産で代償分割の対象になったものの代償分割時における通常取引価額を明確に把握することができるものについては、相続税の課税価格の計算上代償分割債権の価額の圧縮を認めるのが相当である。	所長意見通り (原処分の一部取消し)
9	平成21年2月 (平成20年1月)	1年1月	居住用家屋の共有持分を追加取得した場合の住宅借入金等特別控除の取扱いについて	居住用家屋について、離婚による財産分与等により共有持分を追加取得した場合は、住宅借入金等特別控除の適用に当たり、「家屋を2以上有する場合」に該当せず、当初から保有していた共有持分と追加取得した共有持分のいずれについても住宅借入金等特別控除が適用されるべきである。	所長意見通り (原処分の全部取消し)

2. 国税不服審判所長の申出に対し、国税庁長官が当該意見を不相当としたもの…0件

(出典) 行政救済制度検討チーム第8回会合「各府省提出意見・追加提出資料」8頁。

注
71　平成26年度税制改正の大綱（平成25年12月24日閣議決定）106～107頁。

第12節　情報の提供

　行政手続法では、申請に対する処分に関し、行政庁に対し必要な情報提供についての努力義務を課し、国民の便宜を図っている（行手9条）。これと同様の観点から、この度の改正により、行政不服審査法上も情報の提供に関する規定が創設された。

　すなわち、審査請求や再調査の請求の裁決や決定をする権限を有する行政庁は、不服申立てをしようとする者又は不服申立てをした者の求めに応じ、不服申立書の記載に関する事項その他の不服申立てに必要な情報の提供に努めなければならない（行審84条）。

　行政手続法9条は、国税に関する法律に基づき行われる処分については適用除外とされているが（税通74条の14第1項）、行政不服審査法84条は、国税不服申立てについても適用される。

　ここで情報提供の対象は、「不服申立書の記載に関する事項その他の不服申立てに必要な情報」とされているが、具体的には、不服申立制度の概要に関する情報、審査請求書や再調査の請求書の書き方や補正の参考となる情報・請求書の提出後の審理手続の流れの説明などが想定されているものと考えられる[72]。

注

[72] 取りまとめ14頁。

第13節　裁決内容等の公表

1　行政不服審査法上の取扱い

　改正行政不服審査法では、不服申立てにつき裁決等をする権限を有する行政庁は、当該行政庁がした裁決等の内容その他当該行政庁における不服申立ての処理状況について公表するよう努めなければならないこととする規定が創設された（以下「裁決内容等の公表」という。行審85条）。

　また、行政不服審査会は、答申書の写しを審査請求人及び参加人に送付するときに、併せて、答申の内容を公表するものとされている（以下「答申内容の公表」という。行審79条）。

　裁決内容等の公表は、「行政不服審査制度の運用状況について国民に対する説明責任を果たすとともに、その透明性を高め、行政（の自己反省機能）に対する国民の信頼を確保する観点から、審査庁は、裁決の内容その他の不服申立ての処理状況を公表するなど適切な措置を講ずることが適当と考えられる」[73]という趣旨から、この度の改正において創設されたものである。答申内容についても、説明責任の観点から、一般公表することとされたものである[74]。

　裁決等及び答申のいずれについても、その内容を公表するものと規定されていることから、裁決書や答申書そのものの公表までは想定されていない[75]。

　裁決内容等及び答申内容の公表に資するために、総務省行政管理局では「行政不服審査裁決・答申検索データベース」を同局のウェブサイト上に構築し、行政不服審査法等に基づいてされた不服申立てについて、審査庁が行った裁決内容や行政不服審査会等が行った答申内容等を検索・閲覧に供している【図表2-12】。

【図表2-12】行政不服審査裁決・答申データベース

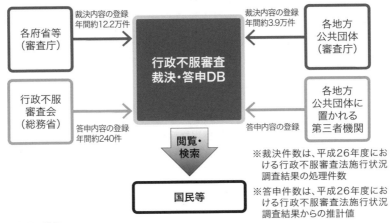

○国の行政機関及び各地方公共団体が行う**不服申立てに対する裁決**並びに総務省及び地方公共団体に置かれる**第三者機関が行う答申等を登録**するためのデータベース。
○登録した情報は、**広く一般の閲覧**に供し、国民に対する説明責任及び不服申立てをしようとする者の予見可能性を向上させ、もって、国民の権利利益の救済に資することを意図するもの。

○登録する情報
　不服申立ての種類、不服申立日、諮問日、答申日、裁決日、審査庁名、第三者機関名、裁決内容、答申内容、裁決（認容、棄却等）、処分根拠法など

（出典）総務省行政管理局作成資料

2　国税不服申立てにおける取扱い―裁決内容等の公表

　以上のうち裁決内容等の公表については、国税不服申立てにも適用される。

　もっとも、国税不服審判所では、従来から、運用により、裁決及び処理状況の公表についての一定の制度が整備されている。

　すなわち、まず、国税不服審判所では、一部の先例性のある裁決について「裁決事例集」を作成し公表している。「裁決事例集」は、国税不服審判所の各支部（支所を除く）や都道府県立図書館に備え付けてあり、平成4年以降のものについては、国税不服審判所のウェブサ

第2章 平成26年改正の趣旨

イト上に掲載もされている。

　また、公表の対象から外れた非公開裁決であっても、平成8年7月1日以降に出された裁決に係る裁決要旨等については、国税不服審判所のウェブサイト上の「裁決要旨検索システム」を利用することにより検索・閲覧することができる【図表2–13】。それぞれの裁決の要旨でなく裁決書全文を閲覧したい場合には、行政機関の保有する情報の公開に関する法律（平成11年法律42号）に基づく開示請求により入手が可能である。

　一方、不服申立ての処理状況については、毎年6月に国税庁と国税

【図表2–13】国税不服審判所　裁決要旨検索システム

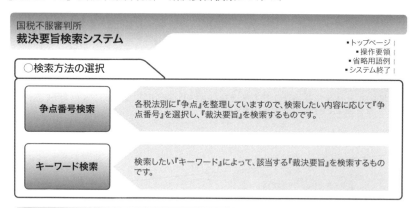

制作・著作／国税不服審判所

不服審判所から不服申立て及び訴訟の概要[76]がプレスリリースされている。最近の国税不服申立ての状況については、第3章第15節（131頁）を参照されたい。

注

[73] 見直し方針13頁。

[74] 新行審215〜216頁、逐条360頁。

[75] 見直し方針13頁には、「ただし、裁決書を一律に公開することは、個人情報、法人情報等との関係や行政の事務負担の問題もあることから、適当ではないと考えられる。」と記述されている。

[76] 直近の平成27年度については、平成28年6月に、国税庁から「平成27年度における異議申立ての概要」及び「平成27年度における訴訟の概要」が、国税不服審判所から「平成27年度における審査請求の概要」がそれぞれ公表されている（全て国税庁のウェブサイトに掲載されている。）。

第14節 地方税の不服申立制度の概要

本書は、新たな国税不服申立制度について解説するものであるが、地方税の不服申立制度についても今般の行政不服審査法の改正に伴い全面的に見直されているので、本節で若干の解説を加えておくこととする。

1 一般的な不服申立制度

地方税に関する不服申立手続については、基本的に行政不服審査法の定めによることとされており、その処分の大量性や争いの特殊性等から、例外的に地方税法に審査の申出等の特別の定めが置かれている。

そこでまず、行政不服審査法に基づく一般的な地方税不服申立制度について解説する。

地方税不服申立て ｛ 原則：行政不服審査法
例外：審査の申出等（地税423〜436条等）

(1) 不服申立ての対象となる処分

地方税に関する以下に掲げる処分についての不服申立ては、原則として、行政不服審査法の定めるところにより審査請求をすることとなる（地税19条）。

① 更正若しくは決定（⑤に掲げるものを除く。）又は賦課決定
② 督促又は滞納処分
③ 法人の道府県民税及び市町村民税に関して分割の基準となる従業者数の修正又は決定（同58条1項・2項・3項・5項、321条の14第1項・2項・3項・5項）
④ 法人の道府県民税及び市町村民税に関して分割の基準となる従

業者数についての決定又は裁決（同59条2項、321条の15第2項・7項）

⑤　法人事業税に関する課税標準額の総額の更正若しくは決定又は分割基準の修正若しくは決定（同72条の48の2第1項・3項）

⑥　個人事業税に関する課税標準とすべき所得の総額の決定又は課税標準とすべき所得の決定（同72条の54第1項・3項前段）

⑦　個人事業税に関する課税標準とすべき所得についての決定（同条5項）

⑧　固定資産税に関する価格等の決定若しくは配分又はこれらの修正（同389条1項、417条2項、743条1項・2項）

⑨　そのほか、地方団体の徴収金[77]の賦課徴収又は還付に関する処分で総務省令（地税則1条の7各号）で定めるもの

(2)　行政不服審査法上の不服申立手続

　この度の改正行政不服審査法による新たな不服申立手続の概要や趣旨については、本章第1節1～2(3)（24～29頁）を参照されたい。また、地方公共団体に置かれる第三者機関の委員や審理員に税理士等の外部有識者が登用されていることについては、本章第15節2(1)（74頁）を参照されたい。

(3)　不服申立先

　改正行政不服審査法では、従来の処分庁に対する異議申立てが廃止され、上級行政庁のあるなしにかかわらず、不服申立ての類型は審査請求に原則として一元化された[78]。

　行政不服審査法上の審査請求先は、原則として、処分庁に上級行政庁がある場合には当該処分庁の最上級行政庁であり、処分庁に上級行政庁がない場合には当該処分庁である（行審4条）。

　そのため、地方税に関する処分についての審査請求先は、概ね以下

のようになる。

① 都道府県知事がした処分

当該都道府県知事に対して審査請求を行う。

② 市町村長がした処分

当該市町村長に対して審査請求を行う。

③ 地方事務所等の長がした処分

地方税法3条の2に規定されている支庁、地方事務所、市の区の事務所、市の総合区の事務所又は税務に関する事務所の長がした処分については、当該支庁等の長の最上級行政庁である都道府県知事又は市町村長に対して審査請求を行う。

④ 徴税吏員がした処分

徴税吏員[79]がした処分については、当該徴税吏員が所属する機関の長がした処分とみなされるので（地税19条の2）、その徴税吏員の所属機関に応じて、①～③に準ずることとなる。

(4) 審査請求期間の特例

上述の一般的な地方税に関する処分についての審査請求は、原則として、処分があったことを知った日の翌日から起算して3か月以内にしなければならない（行審18条1項本文）。

ただし、地方税の滞納処分については、以下に掲げる例外が設けられている（地税19条の4各号）。

① 督　促

督促に関し欠陥があること（これに関する通知が到達しないことを含む。）を理由としてする審査請求は、差押えに係る通知を受けた日（その通知がないときは、その差押えがあつたことを知った日）の翌日から起算して3か月を経過した日後は、することができない。

この現行の取扱いは原則と同様の3か月であるから例外とはいえな

いが、改正前は差押え通知を受けた日から30日という不服申立期間の特例が設けられていた（旧地税19条の4第1号）。この度の改正では特にこの期間を短縮する特例とはせず、行政不服審査法上の不服申立期間と合わせて3か月以内に延長されたわけであるが、これは、国税徴収法上の同種の特例（税徴171条1項1号）について、3か月（改正前2か月）に延長されたことと平仄を合わせる趣旨と考えられる。

② 不動産等についての差押え

不動産等[80]についての差押えに関し欠陥があることを理由としてする審査請求は、その公売期日等[81]を経過した日後は、することができない。

③ 不動産等についての公告から売却決定までの処分

不動産等についての公告[82]から売却決定までの処分に関し欠陥があることを理由としてする審査請求は、換価財産の買受代金の納付の期限を経過した日後は、することができない。

④ 換価代金等の配当

換価代金等の配当に関し欠陥があることを理由としてする審査請求は、換価代金等の交付期日を経過した日後は、することができない。

2　審査の申出（固定資産の価格に係る不服申立て）

固定資産税の賦課についての不服のうち固定資産課税台帳に登録された価格についての不服は、例外的に地方税法上の特別の定めにより、固定資産評価審査委員会に申し出ることとされている（地税432条。【図表2-14】）。これを「審査の申出」という。

【図表2−14】固定資産の価格に係る争訟手続

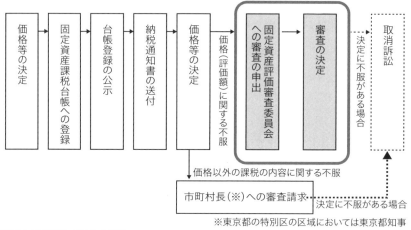

(出典) 東京都主税局作成資料

(1) 固定資産評価審査委員会

「固定資産評価審査委員会」とは、固定資産課税台帳に登録された価格（評価額）に関する不服を審査決定するために市町村に置かれている行政機関である（地税423条1項）。

固定資産評価審査委員会の委員（定数は3人以上で、当該市町村の条例で定められる。）は、当該市町村の住民、市町村税の納税義務がある者又は固定資産の評価について学識経験を有する者のうちから、当該市町村の議会の同意を得て、市町村長により選任される（地税423条2項・3項）。

(2) 審査の申出人

審査の申出をすることができる者は、固定資産税の納税義務者で、その年度の固定資産税に係る固定資産について固定資産課税台帳に登録された価格に対して不服のある者である（地税432条1項）。

(3) 審査の申出期間

　審査の申出をすることができる期間は、この度の改正によって、行政不服審査法上の不服申立期間の延長と合わせて、原則として納税通知書の交付を受けた日から3か月以内（改正前60日以内）に延長された（地税432条1項）。

(4) 審査の手続

　固定資産評価審査委員会の審査の手続、記録の保存その他審査に関し必要な事項は、当該市町村の条例で定めることとされている（地税436条1項）。

　例えば、東京都では都税条例（昭和25年東京都条例56号）144条2項の規定に基づく東京都固定資産評価審査委員会規程（平成11年東京都固定資産評価審査委員会告示3号）が定められており、具体的な審査申出の手続は、【図表2-15】のとおりである。

3　不服申立前置主義

　以上解説してきた地方税の一般的な審査請求及び審査の申出については、いずれも、大量の不服申立てがあり直ちに出訴されると裁判所の負担が大きくなると考えられる場合に該当することから、不服申立前置主義が採られている（地税19条の12、434条）[83]。

4　裁決内容等の公表

　この度の改正行政不服審査法では、不服申立てにつき裁決等をする権限を有する行政庁は、当該行政庁がした裁決等の内容その他当該行政庁における不服申立ての処理状況について公表するよう努めなければならないこととされ、また、行政不服審査会は、答申書の写しを審査請求人及び参加人に送付するときに、併せて、答申の内容を公表するものとされた（行審79条、85条）。

第2章 平成26年改正の趣旨

【図表2-15】 審査申出の流れ

審査申出の流れ

東京都固定資産評価審査委員会

- 形式審査
  - 提出期限
  - 審査申出人の資格があるか など

不適法なもの → 却下
適法なもの → 実質審査

実質審査

書面審査
書面でのやりとりを行い、不服や評価の内容、争点を明らかにして審理を行います。

申出書の副本を知事に送付し、弁明書の提出を求めます。
弁明書の副本を審査申出人に送付します。
反論書の副本を知事に送付し、再弁明書の提出を求めます。※2

- 口頭意見陳述 ※3
- 口頭審理 ※4
- 実地調査 ※5
  ※6

審査の決定の手続の終結

審査の決定
却下／棄却／全部又は一部の認容

審査申出人 ←審査申出書※1→ 委員会
知事(都税事務所長) ←弁明書→ 委員会
審査申出人 →反論書→ 委員会

知事(都税事務所長)：全部又は一部の認容の決定があった場合

取消訴訟の提起
決定があったことを知った日から6か月以内（決定に不服がある場合）

登録価格の修正
通知を受けた日から10日以内

※1 固定資産所在地の区域を管轄する都税事務所を経由して提出することもできます。
※2 さらに再弁明書・再反論書の提出がある場合は、上記のやりとりが繰り返されます。
※3 審査申出書、反論書等の書面では十分に主張することができなかった点を補う場合等に、審査申出人が委員に対して口頭で意見を述べることをいいます。
※4 審査申出人及び知事(都税事務所長)の出席を求め、双方が質問、応答して争点を整理して行う手続のことをいい、委員会が審査のために必要があると認める場合に行います。
※5 委員会が審査のために必要があると認める場合に行います。
※6 審査の決定の手続が終結するまでの間、委員会に対し、
① 審査申出人その他関係者は、委員会の審査の議事等に関する記録の閲覧を請求することができます(無料)。
② 審査申出人は、審査申出人、知事(都税事務所長)双方の提出書類等の閲覧及び写しの交付を請求することができます(閲覧は無料。写しの交付は所定の手数料を納付する必要があります。)。

(出典) 東京都主税局作成資料

これに基づき、総務省行政管理局では「行政不服審査裁決・答申検索データベース」を同局のウェブサイト上に構築し、行政不服審査法等に基づいてされた不服申立てについて、審査庁が行った裁決内容や行政不服審査会等が行った答申内容等を検索・閲覧に供しており[84]、その対象には上述の地方税に関する一般的な審査請求の裁決及びそれに係る第三者機関の答申についても含まれている。

注

77　「地方団体の徴収金」には、地方税のほか、その督促手数料、延滞金、過少申告加算金、不申告加算金、重加算金及び滞納処分費が含まれる（地税1条1項14号）。
78　本章第1節2(2)（28頁）参照。
79　「徴税吏員」とは、道府県知事若しくはその委任を受けた道府県職員又は市町村長若しくはその委任を受けた市町村職員をいう（地税1条1項3号）。
80　「不動産等」とは、国税徴収法104条の2第1項に規定されているものをいう（地税19条の4第2号括弧書）。
81　「公売期日等」とは、国税徴収法111条に規定されているものをいう（地税19条の4第2号括弧書）。
82　「不動産等についての公告」とは、国税徴収法171条1項3号に掲げる公告をいう（地税19条の4第3号括弧書）。
83　本章1節2(4)（29頁）参照。
84　本章13節1（60頁）参照。

第15節　見直し規定・附帯決議と今後の課題

1　5年後見直し規定

　この度の行政不服審査法案の国会審議の過程で、衆議院における与野党の共同提案による修正で、附則に「政府は、この法律の施行後五年を経過した場合において、この法律の施行の状況について検討を加え、必要があると認めるときは、その結果に基づいて所要の措置を講ずるものとする。」(行審附則6条)と定めるいわゆる「見直し規定」が追加された。

　この見直し規定は、平成16年の行政事件訴訟法改正の際に附則に設けられた見直し規定（行訴附則50条）を踏襲したものである。行政事件訴訟法改正法案では国会提出時から見直し規定が置かれていたが、今回の行政不服審査法案では、衆議院の修正により追加されている。これは、衆議院総務委員会での参考人質疑において、松倉佳紀参考人（日本弁護士連合会行政訴訟センター委員長）及び青木丈参考人（著者）により、5年後見直し規定追加の必要性が指摘されたことが反映されたものであろう[85]。

　改正行政事件訴訟法が施行されたのは平成17年4月であるが、それから5年強を経過した平成22年12月から改正行政事件訴訟法施行状況検証研究会が13回にわたって開かれた[86]。最終的には、平成24年11月に同研究会による「報告書」[87]が公表されたが、そこでは、いくつか運用の改善点が示されているものの、再度の法改正は求められていない。

　行政不服審査法附則6条は、改正行政事件訴訟法附則50条と同様に、5年後に見直しを実施する主語は「政府」であり、「国」とは規定されていない。これを文理解釈すれば、国会による再度の法改正までは求めていないと解することもできるが、事後救済手続に係る一般

法の半世紀振りの全部改正の施行状況点検であることを踏まえれば、仮に制度運用上改善が必要と認められれば、そのための法改正も当然に視野に含めるべきであろう[88]。

改正行政不服審査法は、平成28年4月から施行されているので、その5年後の平成33年に5年間の施行の状況をもとに再検討が加えられることとなろう。これを見据え、改正法施行後に総務省行政管理局から公表される「行政不服審査法等の施行状況に関する調査結果」や国税庁及び国税不服審判所から公表される「不服申立て及び訴訟の概要」を含め、行政不服審査法85条（公表）の規定に基づき公表される不服申立ての処理状況[89]などを注視していく必要があろう。

2　附帯決議の趣旨と内容

この度の行政不服審査法関連3法案の国会審議では、衆議院及び参議院の各総務委員会において、それぞれ4項目にわたる附帯決議が全会一致で決議されている。

行政不服審査法案に対する附帯決議

（平成26年5月20日　衆議院総務委員会）

政府は、本法施行に当たり、次の事項についてその実現に努めるべきである。
一　今回導入される第三者機関及び審理員制度の運用に当たっては、権利救済の実効性を担保できるようにするため、適切な人材の選任に配意すること。特に、地方公共団体においては、各団体の実情を踏まえ、申立ての分野に応じた高い専門性を有する人材の選任に配意すること。
二　今回の制度改正の周知の過程において、地方公共団体が行った処分について審査請求すべき行政庁を住民に十分説明すること。
三　今回の改正によって新たに設けられた「再調査の請求」が、処分庁が簡易に処分を見直す事後救済手続であることを国民に十分説明すること。
四　審理手続における審理関係人又は参考人の陳述の内容が記載された文書の閲覧・謄写について、審理の簡易迅速性の要請も踏まえつつ検討を行うこと。

第2章 平成26年改正の趣旨

> **行政不服審査法案に対する附帯決議**
>
> （平成26年6月5日　参議院総務委員会）
>
> 政府は、本法施行に当たり、次の事項についてその実現に努めるべきである。
>
> 一　行政不服審査制度については、公正で利用しやすい簡易迅速な手続により、国民の権利利益の救済を図り、あわせて行政の適正な運営を確保し、国民の行政への信頼を維持するための制度であることに鑑み、客観的かつ公正な審理手続を一層充実することなどにより、制度本来の目的が最大限発揮できるよう、制度改正後の実施状況を踏まえつつ、今後とも不断の見直しを行うこと。
>
> 二　今般の制度改革に伴い、国及び地方公共団体が行った処分については、審査請求すべき行政庁等、新たな不服審査制度を利用するに当たって必要となる情報を、懇切・丁寧な広報活動により国民・住民に周知徹底すること。なお、再調査の請求については、処分庁が簡易な手続で事実関係の再調査をすることにより、処分手続の見直しを行う事後救済手続であることを、十分説明すること。
>
> 三　有識者から成る第三者機関及び審理員制度の運用に当たっては、権利利益の救済について実効性を担保できるよう、適切な人材を選任すること。特に、地方公共団体において、各団体の実情を踏まえつつ、申立ての分野に応じた高い専門性を有する人材が確保できるよう格段の配慮を行うこと。
>
> 四　証拠書類の閲覧・謄写については、審理手続における審査請求人の権利の拡充や透明性の向上を踏まえ、適切な主張・立証ができるよう、審理関係人又は参考人の陳述内容が記載された文書の閲覧、謄写等について、今後とも検討すること。
>
> 　　右決議する。

ここに掲げた衆・参の両総務委員会における附帯決議は、それぞれ、ほぼ同じ内容であるが、表現が異なっている。

以下、それぞれの項目について、経緯と趣旨を解説する。

(1) 第三者機関及び審理員への専門家の登用（衆（一）、参（三））[90]

改正行政不服審査法による審理構造は、処分に関与しない審理員が審理を担当し、有識者から成る第三者機関（国においては行政不服審

査会。地方公共団体においては、執行機関の附属機関が置かれる。）による諮問・答申を経て（申立人が希望しない場合等は、諮問手続は不要）、審査庁による裁決がなされるものとされている。

　地方公共団体において新設される第三者機関が関与することとなる案件のうち、地方税関係が約4割を占めると見込まれることが国会審議において明らかにされた。そこで、地方公共団体に置かれる第三者機関には税の専門家たる税理士を有識者として登用すべき、との提案がなされた[91]。これに対して、上村進政府参考人（総務省行政管理局長）は、以下のとおり答弁している[92]。

　「今回の改正法案につきましては、地方公共団体に置かれる第三者機関の組織運営は条例または規約で柔軟に定めることとしております。したがいまして、委員の人選につきましては、不服申し立ての件数、それから諮問が多く見込まれる分野、こういうものに応じて、任命権者において判断されることになります。

　御指摘の地方公共団体に置かれる第三者機関への諮問件数でございますが、まさしく、地方税関係が約四割と非常に多い割合を占めると想定してございます。そうした観点からしますと、任命権者の判断で、御指摘のありました税理士等、税の専門家を委員に選任するということは十分に想定されることだと思ってございます。

　総務省といたしましても、このように、第三者機関の委員につきまして、条例等に基づきまして、柔軟に、各任命権者がそれぞれの諮問が見込まれる案件等に応じて選任することが適当である。こうした趣旨につきましては、今後、法案が通りました後の話でございますけれども、施行通知等によりまして、各団体にしっかりと周知してまいりたい、こういうふうに考えております。」

　このような経緯を踏まえ、衆議院総務委員会での附帯決議㈠の後段及び参議院総務委員会での附帯決議㈢の後段が書かれているわけである。

　地方税関係が約4割であるが、もちろん他の様々な分野についても

弁護士や大学の教授など高い専門性を有する人材が想定できるので、特に税理士に限定せずに「申立ての分野に応じた高い専門性を有する人材」と広く記述されているものと考えられる[93]。

　また、上記附帯決議は、第三者機関に加え、審理員制度の運用についても念頭に置いた記述になっているので、審理員に外部の専門家を登用することも必要に応じて検討されるべきである。その具体的な形態としては、例えば、任期付職員等として採用した弁護士や税理士等を審理員候補者に登録しておき、事案に応じて審理員として指名することが考えられる[94]。

　そして、実際、平成28年4月に改正法が施行され、地方公共団体に置かれる第三者機関については、全国でかなりの数の都道府県や市区町村において税理士が委員として任命されており、審理員についても若干名の税理士が任期付職員等として審理員候補者に登録されている[95]。また、各税理士会から推薦を受けてこれらに任命された者も合計で130人を超えている[96]。

　税理士は税の専門家としての役割が期待されているところであり、日常の税理士としての知識・経験を基に第三者機関の委員や審理員としての役割を自覚しながら任に当たっていただきたい[97]。

(2) 審査請求先の行政庁等の周知徹底（衆（二）、参（二）前段）

　行政不服審査法は、国のみならず全国の各地方公共団体が行った処分をも制度の対象としている。審査請求先については、改正法の原則は処分庁等の最上級行政庁（上級行政庁がない場合には処分庁等）であるが、法律（条例に基づく処分については、条例）に特別の定めがある場合には、当該法律（条例）に定める行政庁が審査請求先となる（行審4条）。この度の改正に伴う整備法で改正される法律が実に361本に及んでいることからも窺えるが、相当の数の法律において審査請求先の特例を規定している。特に、地方公共団体の機関がした処分につ

いては、地方自治法255条の2において法定受託事務に係る処分等について国等を審査請求先とする特例を定めているほか、各分野の個別法においても、国等を審査請求先とする特例（前述の地方自治法255条の2の規定の特例を含む。）が定められているなど、行政不服審査法上の原則と大きく異なる場合も少なくなく、複雑な様相を呈している。

このようなことから、附帯決議においては、（国及び）地方公共団体が行った処分について審査請求先となる行政庁等が国民（住民）に十分に周知徹底されることを政府に求めているものと考えられる。

(3) 再調査の請求が事後救済手続であることの周知徹底（衆（三）参（二）後段）

この度の改正では、審査請求とは別に処分庁に対する再調査の請求を個別法に定めることが許容された（行審5条1項）。これにより国税通則法上の審査請求の前段階の「異議申立て」は「再調査の請求」に衣替えすることとなったが（税通75条1項1号イ）、この「再調査の請求」という名称については、納税者に対して"税務調査のやり直しの請求"といういわばネガティブな印象を与えかねないので問題である、との指摘がなされた。

例えば、衆議院総務委員会の参考人質疑において、青木丈参考人（著者）は、①今回の改正では20年法案と異なり再調査の請求が審査請求との選択制とされていること、②平成23年の国税通則法の改正により税務調査手続に係る規定が整備され、現在では「再調査」は「再度の税務調査」を示す用語として定着していること、の2点の理由から、20年法案と同様の「再調査の請求」という名称を用いることは問題であり、「再調査の請求」から名称の変更ができない場合には、再調査の請求が事後の権利救済手続であることの周知徹底が不可欠である、との意見を表明した[98]。

第2章 平成26年改正の趣旨

　このような指摘を受けて、衆議院総務委員会での附帯決議(三)及び参議院総務委員会での附帯決議(二)の後段は、税務調査を経て処分を受けた納税者が不服を申し立てる際に誤解することのないよう、「再調査の請求」の事後救済手続としての位置付けを納税者に十分説明することを求めているものと考えられる。なお、「再調査の請求」という名称は、昭和25年当時の旧所得税法等における第一審的不服申立ての意味で用いられていたが[99]、昔の名前で出るのだから良いということにはもちろんならない。

　もっとも、これは、あくまでも名称の問題であるから、税理士が代理人をしていれば差し支えなかろうが、代理人がない場合においても事前に周知徹底が図られるよう、処分時の教示等での丁寧な説明が必要であろう。

　この点、改正法施行後の実際の対応として、新制度下での処分時の教示がどのようになされているかについては不明であるが、新制度を解説する国税庁のリーフレットでは、「再調査の請求（※）」の解説部分で、「（※）再調査の請求は、既に実地の調査が行われた期間について、新たに得られた情報に照らして非違があると認められるときに改めて行われる税務調査（新たに得られた情報に基づく再調査）とは異なり、簡易な手続により処分の見直しを行う事後救済手続です。」[100]との脚注が付されている。改正前の国税庁の解説では、新たに得られた情報に照らして非違があると認められるときに改めて行われる税務調査（税通74条の11第6項）を単に「再調査」と表記していたが、改正後は、「新たに得られた情報に基づく再調査」と表記が改められている（例えば、【図表2-16】）。

　【図表2-16】は、国税庁のパンフレットに記載されているイメージ図である。この税務調査手続の流れのうち、「更正又は決定」に至った場合に、事後の権利救済手続として「再調査の請求」があるわけだが、それは、図の右に記載されている「新たに得られた情報に基づく

第15節　見直し規定・附帯決議と今後の課題

【図表2-16】　税務調査手続きの流れ（イメージ）

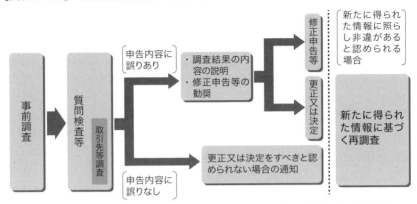

（出典）国税庁・国税局・税務署「税務手続きについて～近年の国税通則法等の改正も踏まえて～」（平成28年4月）2頁を基に作成

再調査」を請求するものであるという誤解を納税者に与えることがないか、ということが問題となる。

「新たに得られた情報に基づく」という補足が付されているとしても同じ「再調査」という用語が用いられている以上、やはり紛らわしいといわざるを得ない。事前手続と事後救済手続の違いをしっかり理解できていないと、「再調査の請求」の「再調査」は「新たに得られた情報に基づく再調査」とは異なるということを理解することは困難ではなかろうか。

法令立案の場では、異なる制度には別の名称を用いるというのは常識である[101]。

新たに得られた情報に照らし非違があると認められる場合の「再調査」というのは法令上の用語ではなく、国税庁が運用上の説明で用いているものであるから、例えば「調査終了後の質問検査等」とするなど運用上用いる用語の変更を検討すべきであろう。

あるいはそれができない場合には、行政不服審査法附則6条に基づく施行後5年後の見直しの際に、行政不服審査法及び国税通則法上の「再調査の請求」という名称の変更についても検討の必要があろう。

(4) 審理関係人等の陳述内容が記載された文書の閲覧、謄写等についての検討（衆（四）参（四））

　この度の改正では、審査請求人等による証拠物件の閲覧等の対象が処分庁から提出された物件に限らず審理員に提出された物件全般に拡充された（行審38条1項括弧内）。これに合わせて、国税不服審判所における証拠物件の閲覧等の対象も担当審判官に提出された資料全般に拡充された（税通97条の3第1項）。ただし、この閲覧等の対象資料は、国税通則法96条1項・2項及び97条1項2号に基づき提出された物件とされ、同項1号に規定される担当審判官による質問の記録は対象とされていないのではないか、という問題が指摘された[102]。なお、改正行政不服審査法においても審理員の審理関係人への質問（行審36条）等の記録については、閲覧等の対象とされていない（同38条1項括弧内）。

　このような指摘を受けたものが、衆議院総務委員会での附帯決議(四)及び参議院総務委員会での附帯決議(四)であると考えられる。いずれの附帯決議においても、審理関係人等の陳述内容が記載された文書の閲覧、謄写等については、今後の検討に委ねられているので、行政不服審査法附則6条に基づく施行後5年経過後の見直しの際には、その間の施行状況を勘案して、閲覧等の対象の更なる拡大についても検討される余地がある。

　もっとも、これらの文書等を担当審判官の職権により閲覧等に供することは可能であると解されるし、この度の改正により審理手続の計画的進行（税通92条の2）や審理手続の計画的遂行（同97条の2）が設けられた趣旨に鑑みれば、争点及び証拠をスムーズに整理するために、担当審判官はこれらの文書等を積極的に閲覧等に供するべきであろう。この点は、改正法施行後の運用に期待したい。

(5) 行政不服審査制度の不断の見直し（参（一））

　本節1（72頁）で述べたように、この度の改正法案の国会審議では、

衆議院における法案修正によって行政不服審査法附則に「見直し規定」が追加され（行審附則6条）、これにより、改正法の施行後5年を経過した後に改正法の施行状況について再検討がなされることとなる。

参議院総務委員会の参考人質疑において、宇賀克也参考人は、行政不服審査法を含む行政通則法は、急速に変化する社会情勢等に鑑みて、恒常的に10年毎に見直しの機会を設けるべき、という旨の意見を表明した[103]。

このような指摘を受けて、参議院総務委員会の附帯決議（一）において、上記施行後5年後の見直しに加え、「制度本来の目的が最大限発揮できるよう、制度改正後の実施状況を踏まえつつ、今後とも不断の見直しを行うこと」を政府に求めているものと考えられる。

3　その他今後の課題―主観的申立期間と出訴期間との関係

上述のように、改正行政不服審査法は、施行後5年後に附則6条に基づく見直しの機会が設けられる。かかる見直しの際は、国税不服申立てに関しては、上述の附帯決議で言及されている①「再調査の請求」の名称問題[104]及び②担当審判官の質問記録の閲覧等[105]について、再検討されることが期待される。

そのほか、この度の改正に至る検討過程で指摘されていた重要な論点として、主観的申立期間と出訴期間との関係の問題があるので、5年後の見直しを見据え、ここで取り上げておく。

改正行政不服審査法において、主観的申立期間は、国民の権利利益の救済と法律関係の早期安定のバランスの観点[106]から現行の60日から3か月に延長された（行審18条1項本文、54条1項本文）。また、この見直しに合わせ、国税不服申立てにおける主観的申立期間についても、現行の2か月から3か月に延長されている（税通77条1項本文）。

この改正については、この度の行政不服審査法の改正と併せて「不服申立前置の全面的見直し」が実施されていることもあり[107]、改正

に至る検討過程において、不服申立前置の場合に不服申立期間の徒過の時点で残りの出訴期間が無意味となり、平成16年の行政事件訴訟法の改正で出訴期間が6か月（改正前3か月）とされた趣旨が没却されてしまうので、少なくとも不服申立前置の個別法については、出訴期間と同様の6か月とすべき、との強い意見が出された[108]。この点、いみじくも、見直し方針において、「他方、不服申立前置の場合、不服申立期間の徒過により訴訟提起ができなくなる一方、不服申立前置でない場合は、出訴期間を経過するまで処分が確定しないから不服申立期間を出訴期間より短くする意味はない、といったことから、出訴期間と同一の6か月とすべきとの強い意見もある。」[109]と述べられているところである。

　国税不服申立ても不服申立前置であるから[110]、出訴期間との平仄の問題は今後の検討課題と認識しておき、施行後5年後の見直しの機会に再検討されることを期待したい。

注

85　平成26年5月13日に開かれた衆議院総務委員会の参考人質疑において、松倉参考人は以下のように述べている（衆議院会議録 第186回国会総務委員会第20号）。
　「それで、今回の行政不服審査法の改正につきましては、先ほど時間がなくて私はちょっと言いそびれたんですが、やはり行政事件訴訟法と同じように、五年後見直しを附則で設けるべきであるというふうな考えを私は持っております。
　なぜなら、新しい制度をつくった場合、それが当初の設計どおりに動いているかどうか、これはやはり実地に使ってみて検証をする必要があります。それをする必要があるので、やはり今回の改正についても五年後見直しはやるべきだというふうに思っております。」
　また、著者は、黄川田徹議員からの、今回の法案は百点満点で何点か、との問いに対して以下のように応えている。
　「私は、このような手続法制の改正について、多分、百点満点というのは不可能じゃないかなというふうに考えています。手続水準、国民から見た水準もあれば行政側から見た水準もあるわけですし、先ほどの三カ月と六カ月の話も、三カ月がいいのか、もしかしたら四カ月の方がいいかもしれませんし、そういった点がありますので百点満点は難しいなと思いますが、ただ、先ほど申し上げましたように基本的に評価しているということで、八十点でしょうか、大学で、優、良、可の優は十分つく点数に当たるのではないかというふうに考えております。
　ということで、ただ、もしかしたら、三カ月じゃ足りないかもしれませんし、ほかにさまざまな問題が潜んでいるかもしれないということを考えれば、先ほど少し

第15節　見直し規定・附帯決議と今後の課題

お話に出ました、行政事件訴訟法と同じように五年後見直し条項を入れていただいて、五年後に運用状況を確認して、そのときにまた制度改善を図るというのも一つの方法かなというふうに考えました。」

86　改正行政事件訴訟法施行状況検証研究会による議論の経緯は、法務省及び公益財団法人商事法務研究会のウェブサイト上で公表されている。
87　改正行政事件訴訟法施行状況検証研究会「報告書」（平成24年11月）。
88　新行審5頁脚注9）。
89　不服申立ての処理状況の公表については、本章第13節（60頁）参照。
90　衆議院総務委員会における附帯決議を「衆」とし、その後ろに附帯決議内の項目番号を括弧書の漢数字で示している。参議院も同様。以下同じ。
91　例えば、平成26年5月15日に開かれた衆議院総務委員会において、近藤昭一議員は、「地方税についての不服も随分多いというふうに聞いておりますが、地方税についての不服申し立ては、裁決について第三者機関が点検するということになっておるわけでありますが、特に地方公共団体における不服申し立ては地方税に関するものが多い。今も申し上げました。このため、第三者機関の委員には、税の専門家としての地域の税理士の能力活用、こうしたことが重要であると思いますが、この検討について考えるべきだと思いますが、いかがでありましょうか。」と質問している（衆議院会議録　第186回国会　総務委員会　第21号）。また、平成26年5月8日に開かれた衆議院総務委員会において、西野弘一議員も同旨の質問をしている（衆議院会議録　第186回国会　総務委員会　第19号）。
92　上掲の平成26年5月15日の衆議院総務委員会。平成26年5月8日に開かれた衆議院総務委員会における上川陽子総務副大臣の答弁も同旨。
93　この記述について宇賀克也教授は、国会審議の経緯から、「したがって、申立ての分野に応じた高い専門性を有する人材としては、税理士が念頭に置かれていることは疑いない。」と述べておられる（宇賀『解説行政不服審査法関連三法』（平成27年・弘文堂）10〜11頁）。
94　宇賀・同上11頁。
95　地方公共団体の第三者機関の委員として任命されている税理士の数は、都道府県17名、市町村334名、一部事務組合広域連合68名であり、審理員候補者に登録された税理士の数は、市町村で5名である（総務省行政管理局「行政不服審査法への対応状況に関するアンケート【集計結果】（速報・未定稿）」（平成28年6月8日現在））。ただし、上記人数には見込み数も含まれているので、実際に任命された人数とは乖離している可能性もある。
96　平成28年5月23日現在。日本税理士会連合会調べ。
97　第三者機関の委員に任命される税理士に期待される役割については、青木丈「行政不服審査会等の委員としての税理士の役割」税理士界1342号（平成28年・日本税理士会連合会）12頁を参照されたい。
98　衆議院会議録　第186回国会総務委員会第20号（平成26年5月13日（火曜日））参照。
99　第1章第1節2(2)①（4頁）参照。
100　国税庁「平成28年4月1日から国税不服申立制度が改正されます」（平成28年4月）表面。
101　例えば、元内閣法制局長官の林修三氏は、「要するに、既存の法律制度、既成の法

律概念・法令用語を尊重し、同じことば、似た制度をこれらとちがった意味になるべく用いないようにして、無用の解釈上の混乱を避ける必要がある。」と述べている（林『法令作成の常識〔第2版〕』（昭和50年・日本評論社）27頁）。

102　例えば、木山泰嗣＝三木義一＝藤曲武美「座談会　行政不服審査法　半世紀を経た大改正!!　国税不服審査制度はこう変わる」税務弘報第62巻第6号（平成26年・中央経済社）74頁において、三木教授は以下のように述べている。

「かなり画期的な改革ですね。ただ、実際に条文を読んでみると、審判官が処分庁や関係人に対して質問をして取りまとめたものが閲覧・謄写の対象になるのかどうか、条文からはわかりません。これは『提出されたもの』ではなくて、審判官が作成するものですから。

私は、これもできるだけ『その他の物件』の中に入れて考えたほうがいいとは思っているのですが、条文の構造からするとちょっと不安ですね。これはもう少し国会で詰めていただいて、クリアにしていただきたいと思います。」

103　宇賀参考人の発言は以下のとおり（第186回国会参議院総務委員会会議録第24号（平成26年6月3日）。

「この法律に限らず、我が国では一般的に行政通則法の根本的な見直しというのはなかなか行われません。ようやく最近になりまして、法律を制定する際に、あるいは全部改正の際などに一定期間後の見直し規定というものが入れられるようになり、今回も衆議院で五年後の見直し規定が入ったわけでありますけれども、やはり公務員も日常の業務に追われていますので、やはり国会から一定期間を目途に見直せと言われないと、なかなか見直しの契機を自ら見出していくということは難しいんではないかなと考えております。

したがって、私の考え方は、五年後の見直しという規定が入ったのは大変結構なんですけれども、これはこの法案に限らず一般論といたしまして、行政通則法的な法律というのは大体もう十年ごとに見直すと。こういう五年後の見直しということになりますと、そこは一生懸命やるんですけれども、その後また長期間たってしまうということが予想されますので、やはり情報公開法にしてもそうですし、行政手続法にしてもそうですが、こうしたやっぱり社会経済情勢、非常に急速に変化していく時代ですので、決して不磨の法典ではなく、十年ごとに見直すというようなことを入れておけば、附則に入れておけば、附則といえども法律の一部ですので、随分その辺りは変わってくるのかなと考えております。」

104　本節2(3)（77頁）参照。

105　本節2(4)（80頁）参照。

106　この改正の趣旨については、本章第1節2(1)（26頁）参照。

107　「不服申立前置の全面的見直し」については、本章第1節2(4)（29頁）参照。

108　「行政不服審査制度の見直しに係る検討（第1回）」では、「不服申立前置がなければ、訴訟と比較してより簡便な制度であるということで、不服申立期間を3か月としても説明がつくのだが、前置を残す場合には、不服申立期間は出訴期間と同じく6か月とするのが自然ではないか。」との有識者からの発言がある（総務省行政管理局「行政不服審査制度の見直しに係る検討（第1回）議事概要」（平成25年4月11日）3–4頁阪田発言））。また、第2回検討会においても、「不服申立前置のものについて、出訴期間が6か月であるのに不服申立期間を3か月とする説明が困難である。なぜ前置が必要なのかという説明が必要ではないか。」「実態として裁判を

やるのは非常に大きな負担になる。自由選択制にしたとしても、それほど訴訟件数が増えるとは思えない。不服申立前置を残すのであれば不服申立期間も6か月とするのがきれいな整理。」（総務省行政管理局「行政不服審査制度の見直しに係る検討（第2回）議事概要」（平成25年4月23日）3–4頁阪田発言）、「不服申立ては訴訟に比べ便利で気楽に行えるとの説明だが、それが国民の実感にあっているのかどうか。不服申立てをする以上は訴訟までを見据えて構えて行う者もいるだろうから、少なくとも不服申立前置の場合には、不服申立期間を短くするのはどうかという思いもある。現行でも不服申立期間が出訴期間より短いが、そこの説明は整理が難しい。」（同小早川発言）との有識者からの発言がある。

　なお、民主党政権下の「取りまとめ」においては、「早期の審査請求が争訟の迅速な処理につながる面が一般的にあるとしても、救済手続の選択可能性を確保することが重要であるという観点から、延長後の具体的な審査請求期間としては、行訴法上の出訴期間と同様の6か月とする方向で整理する。」と記述されていた（同25頁）。

109　見直し方針12頁
110　この度の改正によって異議申立前置主義は廃止されているが、審査請求前置主義は存置されている（税通115条1項）。

第3章

国税不服申立制度の概要

第3章 国税不服申立制度の概要

第1節　行政不服審査法と国税通則法との関係

1　行政不服審査法の位置付け

　行政不服審査法は、「行政庁の処分その他公権力の行使に当たる行為（括弧内省略）に関する不服申立てについては、他の法律に特別の定めがある場合を除くほか、この法律の定めるところによる。」（行審1条2項）と規定していることからも明らかなように、行政庁の処分（公権力の行使に当たる事実上の行為を含む。）に関する不服申立手続の一般法[111]である。

2　行政不服審査法と国税通則法との関係

　国税に関する法律に基づく処分に対する不服申立て（以下「国税不服申立て」という。）については、一般的な行政不服審査法上の定めに対する特例が、国税通則法8章1節（不服審査）に定められている。したがって、この関係においては、国税通則法は一般法たる行政不服審査法の特別法と位置づけられるが、一般法である行政不服審査法と同様の手続であっても、国税通則法は、基本的に、ほぼ自己完結的に規定していることに特徴がある。すなわち、国税通則法は、国税不服申立てについては、原則として、行政不服審査法2章及び3章（不服申立てに係る手続）を適用除外とした上で（税通80条1項括弧内）、不服申立てに係る一連の個別の規定を定めている。

　行政不服審査法の目次と国税不服申立ての適用関係は、基本的に、【図表3-1】に示すようになっている。

　行政不服審査法2章及び3章は、国税通則法80条1項括弧内により適用除外とされているが、これに加え、行政不服審査法4章（再審査請求）及び5章（行政不服審査会等）は、そもそも国税不服申立てとは原則と

第1節　行政不服審査法と国税通則法との関係

【図表3-1】行政不服審査法の国税不服申立ての適用関係

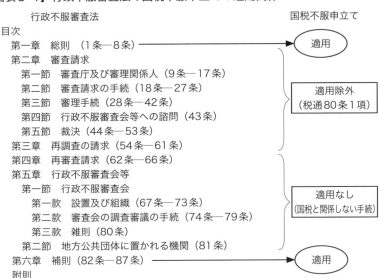

※酒税法上の免許に関する処分に対する不服申立てについては、上記にかかわらず、全面的に行政不服審査法を適用（税通80条3項）。

（出典）著者作成

して関係しない手続である。したがって、結果的に、国税の領域で行政不服審査法が適用されるのは、原則として1章（総則）及び6章（補則）のみということになる。さらに具体的には、国税不服申立てに行政不服審査法が適用されるのは、1章のうち1条（目的等）と6章のうち82条（不服申立てをすべき行政庁等の教示）から84条（公表）に限られる。

ただし、行政庁の不作為及び事実行為についての不服申立て、酒税法2章（酒類の製造免許及び酒類の販売業免許等）及び税理士法等に基づくものについては、行政不服審査法の適用を受けるほか、国税庁長官の処分に対する審査請求についても行政不服審査法の適用を受けることとなる（税通80条2項）。以上の国税不服申立てで行政不服審査法の適用を受けるものについては、本書では解説を省略する。

国税の不服申立てに関する法令の適用関係は、【図表3-2】のとおりである。

第3章 国税不服申立制度の概要

【図表3-2】国税の不服申立てに関する法令の適用関係

	処分の根拠法	不服申立てに関する法令の適用関係
「国税に関する法律」（注1）に基づく処分	・所得税法 ・法人税法 ・国税徴収法 ・酒税法（第2章を除く。）等	・税務署長、国税局長、税関長、登記官等の処分（通法80①） 　⇒基本的に国税通則法の適用 　　イ）行審法第2章（審査請求）及び第3章（再調査の請求）の規定は、適用されない。 　　ロ）通則法第8章第1節その他国税に関する法律の別段の定め（注2）は、行審法に優先して適用される。 　　（→行審法の適用は同法第1条（目的等）、第82条（不服申立てをすべき行政庁等の教示）、第83条（教示をしなかった場合の不服申立て）、第84条（情報の提供）、第85条（公表）に限られることとなる。） ・国税庁長官の処分（通法80②） 　⇒基本的に行政不服審査法の適用 　　通則法第8章第1節（第2款（再調査の請求）及び第3款（審査請求）を除く。）その他国税に関する法律の別段の定めは、行審法に優先して適用される。 　　（→審査請求の審理手続、行政不服審査会への諮問など基本的に行審法が適用されることとなる。）
	・酒税法第2章（酒類の製造免許及び酒類の販売業免許等）	行政不服審査法の適用（通法80③）
上記以外の法律に基づく処分	・酒税の保全及び酒類業組合等に関する法律 ・税理士法　等	行政不服審査法の適用（通法75①）

(注1)「国税に関する法律」とは、国税の確定、納付、徴収及び還付等に関する事項を規定した法律をいい、国税通則法のほか、各種の課税要件及び内容等を定めた課税実体法（所得税法、法人税法等）、その特例法（租税特別措置法、災害減免法等）、国税徴収法及び国税犯則取締法が含まれます。なお、酒税の保全及び酒類業組合等に関する法律、税理士法等は、含まれません。
(注2)「その他国税に関する法律の別段の定め」としては、国税通則法の規定（第3条、第10条、第11条、第12条～第14条、第124条）のほか、納税地指定の処分の取消しがあった場合の申告等の効力（所法18条、法法19、消法24等）などがあげられます。
(注3) なお、不服申立てについてした処分及び国税犯則取締法に基づく処分については、不服申立てをすることができません（行審法7①七・十二、通法76①）。

(出典) 財務省解説1126～1127頁

注

111　法令には、ある事項について広く一般的な定めをしているものと、それに対する特例を定めるものがあり、前者を「一般法」、後者を「特別法」という。ある法令が一般法か特別法かというのは、他の法令との関係によって相対的に決まる。法律と法律、政令と政令等、同一レベルの法令の間では、特別法は一般法に優先して適用される（「特別法は一般法を破る」）。

第2節　国税不服申立ての構造等

1　国税不服申立ての構造

　国税[112]に関する法律に基づく処分に不服がある納税者は、当該処分の取消しなどを求める不服申立て（国税不服申立て）につき、その処分をした税務署長や国税局長等に対する「再調査の請求」と、国税不服審判所長に対する「審査請求」とのいずれかを選択することができる（税通75条1項1号。以下、【図表3-3】参照）。

【図表3-3】国税不服申立ての構造（国税に関する処分についての不服申立て）

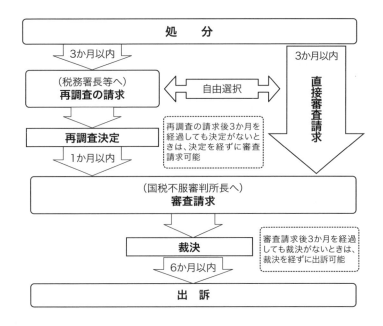

（出典）著者作成

2 国税不服申立ての対象となる処分

(1) 対象となる処分の内容

　国税不服申立ての対象となる「国税に関する法律に基づく処分」とは、税務署長や国税局長等が行った更正・決定や差押え等をいう[113]。

　行政手続法、行政不服審査法及び行政事件訴訟法では、いずれも「処分」を「行政庁の処分その他公権力の行使に当たる行為」と定義づけており（行手2条2号、行審1条2項、行訴3条2項）、これには「事実上の行為」も含まれるものと解される[114]。これらに対して国税通則法にはそのような定義規定は置かれていないので、同法上の「国税に関する法律に基づく処分」には、事実上の行為は含まれない。したがって、例えば、国税通則法74条の7に規定される「当該調査において提出された物件を留め置くこと」は事実上の行為であるため、「国税に関する法律に基づく処分」には該当しない[115]。もっとも、同条の規定に基づき同条に規定する「当該職員」が留め置いた物件について、当該物件の提出者が返還を求めた場合で、当該職員がこれを拒否したときの当該拒否は「国税に関する法律に基づく処分」に該当する（審通（庁）75-1(4)(5)、審通（審）75-1(4)(5)）。なお、租税行政庁の事実上の行為又は不作為についての不服申立てについては、専ら行政不服審査法の定めるところによることとなる（審通（庁）80-2、審通（審）80-2。前節2（88頁）参照）。

　また、国税不服申立てに関してした処分又は行政不服審査法の規定による処分についても、国税不服申立ての対象となる「国税に関する法律に基づく処分」から除外される（税通76条1項各号）。ここで除外される処分には、例えば、次に掲げるような処分が該当する（審通（庁）76-1～76-3、審通（審）76-1～76-3）。

　① 災害による不服申立期限の延長申請に対する期日の指定（税通11条）

② 被相続人の不服申立てに関する書類を受領することについての代表者の指定（同13条2項）
③ 補正要求（同81条3項）
④ 再調査の請求についての決定（同83条）
⑤ 補佐人帯同の不許可（同84条3項）
⑥ 再調査の請求事案の移送の申立てについて認容しない決定（同86条1項）
⑦ 再調査の請求の対象となった処分に係る国税の徴収の猶予又は滞納処分の続行停止の申立てについて認容しない決定（同105条2項）
⑧ 担保の提供に伴い再調査の請求の対象となった処分に係る国税につき差押えをしないこと又は差押えを解除することを求めた場合における認容しない決定（同105条3項）
⑨ 再調査の請求の対象となった処分に係る国税の徴収の猶予又は滞納処分の続行停止の取消し（同105条7項）
⑩ 不服申立人の地位の承継の不許可（同106条4項）
⑪ 総代の互選命令（同108条2項）
⑫ 不服申立てへの参加の不許可（同109条1項）
⑬ 事実上の行為についての審査請求に対する裁決（行審47条）
⑭ 不作為についての審査請求に対する裁決（行審49条）

(2) 違法又は不当な処分

　取消訴訟では、"違法"な処分のみが救済されうるが、行政不服申立てでは、処分が違法でなく適法な場合でも"不当"な場合には救済されうることが法定されており（行審1条1項）、これは国税不服申立てについても適用される。

　しかしながら、実際には"不当"を理由として処分を取り消した例は、特に国税関連では、ほとんど無い。平成23年に開催された行政

第3章　国税不服申立制度の概要

【図表3-4】不当を理由とする認容裁決等

府省	根拠法律名	年度	異議申立てについての認容	うち不当	審査請求についての認容	うち不当
厚	じん肺法	20	—	—	5	0
		21	—	—	7	0
環	労働保険の保険料の徴収等に関する法律	20	20	0	0	0
		21	10	1	2	2
	公害健康被害の補償等に関する法律（第108条）	20	9	9	2	2
		21	8	8	3	3
	石綿による健康被害の救済に関する法律（第77条）	20	—	—	11	11
		21	—	—	0	0
財	関税法	20	2	0	1	0
		21	1	0	0	0
	国税通則法	20	611	0	539	0
		21	709	0	492	0
農	農地法	20	0	0	0	0
		21	0	0	3	1
人・総	国家公務員法	20	0	0	2	1
		21	0	0	0	0

（出典）行政救済制度検討チームWGで各省から提出された調査表から、不当の件数が記載されているものを抽出。

　救済制度検討チームWG（ワーキング・グループ）における不服申立前置の全面的見直しのためのヒアリングでは、ヒアリングの対象法律の所管府省に対して、平成20年度及び21年度の不当を理由とする認容裁決等の調査を実施しており、国税通則法については、【図表3-4】のとおり、不当を理由とする認容は0件であった。

　著者の知る限り、不当を理由として課税処分が取り消された事例は、公表、非公開問わず唯一、平成22年12月1日裁決（裁決事例集No.81所収）のみである。この事例は、所得税の青色申告承認の取消処分について、違法な処分とはいえないまでも不当な処分と評価せざるを得ないとして、当該取消処分を取り消したものである[116]。

　課税庁に裁量権のある青色申告の取消しのような処分については、審判所独自の不当性の判断が可能であると従来から解されているとこ

ろである[117]。

　この度の改正によって、不当性の判断も積極的になされるようになることを期待したいし、いずれにしても、課税庁に裁量権のあるような処分についての不服を申し立てる際には、違法性だけでなく不当性も併せてしっかり主張するべきであろう。

3　不服申立人適格

　国税不服申立てをすることができる者の範囲としては、処分によって直接自己の権利又は法律上の利益を侵害された者である必要がある。これを「不服申立人適格」という。

　不服申立人適格の判断は、直接の処分を受けた者のみならず、例えば、差押えに係る財産について抵当権を有する者のように第三者もこれに含まれる場合もある（審通（庁）75-2、審通（審）75-2）。

注

112　「国税」とは、国が課する税のうち関税、とん税及び特別とん税以外のものをいう（税通2条1号）。

113　例えば、租税行政庁における不用物品の売払行為は、公権力の行使に当たらないので、「国税に関する法律に基づく処分」には該当しない（審通（庁）75-1(1)、審通（審）75-1(1)）。また、国税庁長官の国税局長及び税務署長に対する訓令、通達又は指示のような行政機関の内部行為についても、「国税に関する法律に基づく処分」には該当しない（審通（庁）75-1(2)、審通（審）75-1(2)）。

114　逐条16～17頁。

115　行政不服審査法に基づき、国税庁長官に審査請求をすることは可能（前節2(88頁)参照）。

116　事案の詳細は、三木義一「国税不服審判所制度と『不当』を理由とする救済」記念論文集刊行委員会編・水野武夫先生古希記念論文集『行政と国民の権利』（平成23年・法律文化社）746頁以下を参照されたい。

117　小柳誠「裁決と判決の比較考察―審判所の調査・審理のあり方を中心として―」税大論叢53号196頁以下参照。

第3節　再調査の請求の概要

「再調査の請求」とは、税務署長や国税局長等が行った処分（これを「原処分」といい、原処分を行った税務署長等を「原処分庁」という。）に不服がある場合に、原処分の取消しや変更を求めて原処分庁に対して不服を申し立てる制度で、国税不服申立ての第1段階の手続である（税通75条1項1号イ）。

もっとも、納税者の選択により、再調査の請求を経ないで、直接次の段階である審査請求をすることもできる。

ただし、再調査の請求を選択したときには、後述の例外を除き、原則として、当該再調査の請求についての決定を経た後でなければ、審査請求をすることはできない。

再調査の請求を一旦選択して、決定を経ずに審査請求をすることができる例外は、次の2つの場合である（税通75条4項各号）。

① 再調査の請求をした日[118]（補正要求（税通81条3項本文）[119]があった場合は、その要求に応じて補正した日[120]）の翌日から起算して3か月を経過しても当該再調査の請求についての決定がない場合

② 再調査の請求についての決定を経ないことにつき正当な理由がある場合

再調査の請求の手続については、次章で詳説する。

注
[118] ここで「再調査の請求をした日」とは、再調査の請求書が郵便又は信書便により提出された場合には、その郵便物又は信書便物の通信日付印により表示された日（その表示がないとき又はその表示が明瞭でないときは、その郵便物又は信書便物について通常要する送付日数を基準とした場合にその日に相当するものと認められる日）をいう（審通（庁）75-6、審通（審）75-6）。
[119] 「補正要求」については、第4章第2節2（154頁）参照。
[120] ここで「補正した日」とは、補正要求に対する補正が書面を提出することによりなされた場合には、当該書面が再調査審理庁に到達した日をいう（審通（庁）75-7、審通（審）75-7）。

第4節　審査請求の概要

「審査請求」とは、再調査決定を経た処分又は原処分に不服がある場合に、それらの処分の取消しや変更を求めて国税不服審判所長に対して不服を申し立てる制度で、国税不服申立ての第2段階の手続である。

1　国税不服審判所

国税不服審判所とは、国税に関する法律に基づく処分についての審査請求に対する裁決を行なう機関である（税通78条1項。【図表3-5】）。国税庁の特別の機関（第三者的機関[121]）である国税不服審判所には、東京にある本部のほか、全国の主要都市に12の支部（札幌、仙台、関東信越（さいたま）、東京、金沢、名古屋、大阪、広島、高松、福岡、熊本及び沖縄）と7の支所（新潟、長野、横浜、静岡、京都、神戸及び岡山）がある【図表3-6】[122]。

なお、国税不服審判所の支部（支所を含む。以下同じ。）は、国税不服審判所の事務の一部を取り扱わせるために置かれているものであって、国税不服審判所と別個独立の官庁ではないから、例えば、審査請求に関して提出する書類が原処分庁の管轄区域を管轄する支部以外の支部に提出された場合においても、それを理由に当該審査請求が不適法となるものではない（審通（審）78-1）。

2　国税審判官等

(1)　国税審判官・国税副審判官

国税不服審判所において審査請求に係る事件の調査及び審理を行なう担当者を「国税審判官」といい、国税審判官の命を受けその事務を整理する者を「国税副審判官」という（税通79条1項、2項）。

第3章　国税不服申立制度の概要

【図表3-5】国税不服審判所とは

　国税不服審判所は、国税に関する法律に基づく処分（税務署長や国税局長などが行った更正・決定や差押えなど）についての審査請求に対する裁決を行う機関です。

国税不服審判所の役割

　国税不服審判所は、税務行政部内における**公正な第三者的機関**として、**適正かつ迅速な事件処理**を通じて、**納税者の正当な権利利益の救済を図る**とともに、**税務行政の適正な運営の確保に資する**ことを使命とし、税務署長や国税局長など（「税務署長等」といいます。）と審査請求人との間に立つ公正な立場で審査請求事件を調査・審理して裁決を行っています。

国税不服審判所の組織

　国税庁の特別の機関である国税不服審判所には、東京（霞が関）にある本部のほか、全国の主要都市に12の支部と7の支所があります。

【組織図】

```
                    〈地方支分部局〉
        ┌─ 国税庁 ──── 国税局 ──── 税務署
        │              国税事務所
        │   〈施設等機関〉
        ├─ 税務大学校
        │
        │   〈特別の機関〉
        └─ 国税不服審判所
                │
              本　部
                │
        ┌───────┴───────┐
      支部(12)              支所(7)
   札幌、仙台、関東信越、    新潟、長野、横浜、
   東京、金沢、名古屋、      静岡、京都、神戸、
   大阪、広島、高松、        岡山
   福岡、熊本、沖縄
```

　国税不服審判所の支部・支所では、原則としてその管轄区域内における審査請求事件の調査・審理を行っています。

（出典）国税不服審判所『審判所ってどんなところ？　国税不服審判所の扱う審査請求のあらまし』1頁

第4節 審査請求の概要

【図表3-6】国税不服審判所の所在地と管轄

	名　称	所在地	管轄（分掌）
本部	国税不服審判所	東京都（霞が関）	
支部	札幌国税不服審判所	札幌市	北海道
支部	仙台国税不服審判所	仙台市	青森県・岩手県・宮城県・秋田県・山形県・福島県
支部	関東信越国税不服審判所	さいたま市	茨城県・栃木県・群馬県・埼玉県
支部	東京国税不服審判所	東京都	千葉県・東京都・山梨県
支部	金沢国税不服審判所	金沢市	富山県・石川県・福井県
支部	名古屋国税不服審判所	名古屋市	岐阜県・愛知県・三重県
支部	大阪国税不服審判所	大阪市	大阪府・奈良県・和歌山県
支部	広島国税不服審判所	広島市	島根県・広島県・山口県
支部	高松国税不服審判所	高松市	徳島県・香川県・愛媛県・高知県
支部	福岡国税不服審判所	福岡市	福岡県・佐賀県・長崎県
支部	熊本国税不服審判所	熊本市	熊本県・大分県・宮崎県・鹿児島県
支部	国税不服審判所沖縄事務所	那覇市	沖縄県
支所	新潟支所	新潟市	新潟県
支所	長野支所	長野市	長野県
支所	横浜支所	横浜市	神奈川県
支所	静岡支所	静岡市	静岡県
支所	京都支所	京都市	滋賀県・京都府
支所	神戸支所	神戸市	兵庫県
支所	岡山支所	岡山市	鳥取県・岡山県

（出典）国税不服審判所資料を基に著者作成

(2) 国税審判官の資格

国税審判官の任命資格を有する者は、次のいずれかに該当する者でなければならない（税通79条4項、税通令31条各号）。

① 弁護士、税理士、公認会計士、大学の教授若しくは准教授、裁判官又は検察官の職にあつた経歴を有する者で、国税に関する学識経験を有するもの

② 国税に関する事務に従事した経歴を有する一定の等級以上の国家公務員[123]

③ その他国税庁長官が国税に関し①②に掲げる者と同等以上の知識経験を有すると認める者

なお、審査請求に係る処分又は当該処分に係る再調査の請求についての決定に関与した者などについては、国税審判官であっても、その審査請求事件を担当することはできない（税通94条2項）[124]。

(3) 国税審判官の民間登用

国税審判官として任命される者の資格については、上記のように規定されているが、過去における実際は、上記②に基づく租税行政部内の国家公務員が国税審判官として任命されることがほとんどであった。

しかし、国税不服審判所における審理の中立性・公正性・透明性を向上させるためには、上記①に基づく国税審判官の民間登用を実施すべきとの意見が呈されていた。

これを受けて、国税不服審判所では、平成19年度から年間数名程度の国税審判官（特定任期付職員）の民間登用が実施されることとなった。

また、国税不服審判所の争訟機関としての改革の方向性が示された平成23年度税制改正大綱（平成22年12月16日閣議決定）の記述[125]を受けて、国税不服審判所は「国税審判官への外部登用の工程表」を平成22年12月に公表し、3年かけて事件を担当する国税審判官の半数程度を外部登用者とする方針を示した。そして、実際に3年後の

平成25年にはこの方針が実現し、引き続き今日まで概ねその状況は維持されている【図表3-7】。

　なお、この方針に基づいて半数程度を外部登用者とする対象は"事件を担当する"国税審判官とされていることに注意が必要である。すなわち、首席国税審判官[126]や法規・審査[127]を担当する国税審判官等については「事件を担当する国税審判官」には含まれないので、国税審判官全員の半数程度が外部登用ではないということである。ちなみに、国税審判官の定数は181人とされており（税審則2条1号）、事件を担当する国税審判官の総数の目安とされる100人よりもはるかに多い。また、国税副審判官は国税審判官の職務を行なうことができるとされていること（税通79条3項）についても注意が必要である。すなわち、（外部登用の対象外である）国税副審判官が参加審判官として審理に加

【図表3-7】国税審判官の民間登用状況

採用年度	募集数	応募者数	採用者数	内訳	各年7月末の民間登用者在籍者数
H19年度	10名程度	39名	4名	税理士4名	4名
H20年度	10名程度	17名	1名	税理士1名	5名
H21年度	若干名	17名	3名	弁護士3名	8名
H22年度	15名程度	51名	13名	弁護士5名 税理士4名 公認会計士4名	18名
H23年度	15名程度	93名	15名	弁護士7名 税理士7名 公認会計士1名	31名
H24年度	15名程度	101名	16名	弁護士10名 税理士3名 公認会計士3名	44名
H25年度	15名程度	76名	17名	弁護士7名 税理士6名 公認会計士4名	50名
H26年度	15名程度	74名	14名	弁護士8名 税理士4名 公認会計士2名	50名
H27年度	15名程度	95名	13名	弁護士7名 税理士3名 公認会計士3名	50名
H28年度	15名程度	96名	17名	弁護士7名 税理士7名 公認会計士3名	49名

（出典）国税不服審判所資料を基に著者作成

わることもあるので、合議体を構成する審判官の半数程度が外部登用者ではないということである。

3　審査請求前置主義

3か月経過又は正当な理由がある場合等の例外を除き、原則として、審査請求についての裁決を経た後でなければ、訴訟を提起することはできない（税通115条1項）。これを「審査請求前置主義」という。ただし、審査請求をした日の翌日から3か月を経過しても裁決がない場合は、裁決を経ないで裁判所に訴訟を提起することができる（税通115条1項1号）。

審査請求についての裁決があった後の処分になお不服がある場合は、裁決があったことを知った日の翌日から6か月以内に裁判所に訴訟を提起することができる（行訴14条1項）。

審査請求の手続については、第5章で詳説する。

注

121　国税不服審判所長は、国税庁長官通達に示された法令解釈に拘束されることなく裁決をすることができる（税通99条。第2章第11節（55頁）参照）。

122　国税不服審判所の支部の名称、位置及び管轄区域については、国税不服審判所組織規則別表に定められている（税審則1条）。

123　これには、職務の級が一般職の職員の給与に関する法律（昭和25年法律95号）6条1項1号　イに掲げる行政職俸給表（一）による6級若しくは同3号　に掲げる税務職俸給表による6級又はこれらに相当すると認められる級以上の国家公務員が該当する（税通令31条2号）。

124　第5章第6節2（212頁）参照。

125　平成23年度税制改正大綱における記述は以下のとおり（大綱8頁）。
「国税不服審判所における審理の中立性・公正性を向上させる観点から、今後、国税審判官への外部登用を以下のとおり拡大することとし、その方針及び工程表を公表します。
① 民間からの公募により、年15名程度採用します。
② 3年後の平成25年までに50名程度を民間から任用することにより、事件を担当する国税審判官の半数程度を外部登用者とします。」

126　「首席国税審判官」とは、国税不服審判所の各支部支部の事務を総括する者であり（税通78条4項）、各支部の所長（例えば「東京国税不服審判所長」）とも称される。

127　「法規・審査」とは、担当審判官及び通常2名の参加審判官で構成される合議体が行った議決について、法令解釈の統一性が確保されているか、文書表現は適正かなどの審査を行うことをいう（審判所QA32頁）。国税不服審判所の各支部には、事件担当部とは別に、法規・審査部が置かれている。

第5節 再調査の請求と審査請求のいずれを選択すべきか

　以上のように、国税に関する法律に基づく処分に不服がある納税者は、再調査の請求か審査請求のいずれかの不服申立てを選択することができるわけであるが、どちらを選択するかの判断基準についての私見を以下に述べる。

　まず、再調査の請求で救済され得る不服は、要件事実の認定の当否に係るものであり、専ら法令解釈に関する争いは、基本的に想定されていないということに留意しておかなければならない[128]。したがって、事実認定については争いがなく、法令解釈のみが争点となる事案については、基本的に、直接審査請求を選択するべきといえる。特に法令の違憲性を争う場合など審査請求においても救済が期待できないケースでは、一旦直接審査請求をした後、3か月経過後に訴訟提起すればよいだろう。

　単に事実認定を再度見直すことで簡易に救済可能な場合には、原処分庁に対する再調査の請求により適正な処分を促すことで、国税不服審判所への審査請求に比して、より簡易迅速な救済を期待することができる。再調査の請求の標準審理期間は3か月であり、審査請求の1年と比して圧倒的に迅速である[129]。

　また、原処分庁に対する再調査の請求には、申立先の近接性というメリットもある（原処分庁である税務署は全国に524か所。審査庁である国税不服審判所は本部・12支部・7支所[130]）。

注

[128] 再調査の請求で救済され得る不服が要件事実の認定の当否に係るものが想定されることについては、第2章第1節2(2)（28頁）・第3節2（38頁）参照。
[129] 「標準審理期間」については、本章第7節（106頁）参照。
[130] 国税不服審判所の組織については、第3章第4節1（97頁）参照。

第6節　不服申立期間

1　主観的申立期間

　再調査の請求又は審査請求をするには、原則として、次の期間内に書面（再調査の請求書又は審査請求書）を提出しなければならない（税通77条1項本文・2項本文）。これを「主観的申立期間」という。

- ○再調査の請求又は直接審査請求する場合：原処分があったことを知った日（処分に係る通知を受けた場合には、その受けた日）の翌日から3か月以内
- ○再調査決定を経て審査請求する場合：再調査決定書謄本の送達があった日の翌日から1か月以内（※）
- （※）この再調査決定後の二審的審査請求期間は、再調査の請求又は直接審査請求する場合の主観的申立期間である3か月や出訴期間の6か月と較べると、わずか1か月というきわめて短い期間となるので、実務上は注意が必要である。

2　客観的申立期間

　また、処分があった日（処分に係る書類の送達があった日（公示送達をしたときは、書類の送達があったものとみなされる日））の翌日から起算して1年を経過したときは、上記のいずれの不服申立てもすることはできない（税通77条3項本文）。すなわち、原処分があったことを知らなかった場合でも、1年を経過すると不服申立てはできないということである。これを「客観的申立期間」という。

　なお、不動産等の差押えについて、滞納者に対する差押書の送達前に差押えの登記又は登録がされた場合など、処分に係る書類の送達があった日とその処分の効力が生じた日が異なる場合は、上記にかかわ

らず、その処分の効力が生じた日が「処分があった日」となる（審通（庁）77-4、審通（審）77-4）。

3 正当な理由があるときの救済措置

ただし、「正当な理由」がある場合には、上記のいずれかの期間を経過していた場合でも、不服申立てをすることができる（税通77条1項ただし書・2項ただし書・3項ただし書）。正当な理由の例としては、①誤って法定の期間より長い期間を不服申立期間として教示した場合において、その教示された期間内に不服申立てがされたときや、②不服申立人の責めに帰すべからざる事由により、不服申立期間内に不服申立てをすることが不可能と認められるような客観的な事情がある場合（具体的には、地震、台風、洪水、噴火などの天災に起因する場合や、火災、交通の途絶等の人為的障害に起因する場合等）がこれに当たるが（審通（庁）77-1、審通（審）77-1）、具体的には、それぞれの事案に応じて判断されることになる。

以上の不服申立期間に関する諸規定をまとめたものが、【図表3-8】である。

【図表3-8】不服申立期間に関する規定一覧

再調査の請求・直接審査請求	主観的（原則）	始期	処分があったことを知った日（処分に係る通知を受けた場合には、その受けた日）の翌日（税通77条1項本文）
		期間	3か月（税通77条1項本文）
	主観的（例外）	要件	正当な理由があるとき（税通77条1項ただし書）
	客観的（原則）	始期	処分があった日の翌日（税通77条3項本文）
		期間	1年（税通77条3項本文）
	客観的（例外）	要件	正当な理由があるとき（税通77条3項ただし書）
二審的審査請求	主観的（原則）	始期	再調査決定書の謄本の送達があった日の翌日（税通77条2項本文）
		期間	1か月（税通77条2項本文）
	主観的（例外）	要件	正当な理由があるとき（税通77条2項ただし書）

（出典）著者作成

第7節　標準審理期間の設定

　国税庁長官、国税不服審判所長、国税局長、税務署長又は税関長は、不服申立てについての決定又は裁決をするまでに通常要すべき標準的な期間（これを「標準審理期間」という。）を定めるよう努めるとともに、これを定めたときは、その事務所における備付けその他の適当な方法により公にしておかなければならない（税通77条の2）。

　再調査審理庁又は国税庁長官が定める標準審理期間とは、その通常の審理体制において適法な不服申立てについての決定又は裁決をするために要する審理期間の目安として定める期間をいう（審通（庁）77の2-1）。

　また、国税不服審判所における標準審理期間とは、審査請求に係る事件について、審査請求書が国税不服審判所の支部に到達した日から適法な審査請求に対する裁決をするために要する審理期間の目安となる期間をいう（審通（審）77の2-1）。なお、標準審理期間を経過した事件については、その期間が経過したからといって、不作為の違法又は裁決の手続上の瑕疵には当たらない（審通（審）77の2-2）。

　再調査の請求に係る標準審理期間は、具体的には「3か月を目安」と設定されている[131]。また、審査請求に係る標準審理期間については、国税庁長官及び国税不服審判所長に対するもののいずれについても「1年」と設定されている[132]【図表3-9】。改正前の旧法下において、国税庁は、運用により、異議申立ては3か月、審査請求は1年と、それぞれ目標処理期間を定めており、いずれも例年90％以上という処理実績であったので[133]、新たに設定された標準審理期間についても国税庁及び国税不服審判所において従前の目標処理期間を参考に設定されたものと推測される。

第7節　標準審理期間の設定

【図表3-9】国税不服申立制度の標準審理期間

不服申立ての種類	標準審理期間
再調査の請求	3か月
審査請求 （対国税庁長官・国税不服審判所長）	1年

（出典）著者作成

注

131　国税庁長官「不服申立てに係る標準審理期間の設定等について（事務運営指針）」平成28年4月1日。

132　国税庁長官に対する審査請求に係る標準審理期間については、同上。国税不服審判所長に対する審査請求に係る標準審理期間については、国税不服審判所長「審査請求に係る標準審理期間の設定等について（事務運営指針）」平成28年3月24日。

133　平成27年度の異議申立ての3か月以内の処理件数割合は99.3%（国税庁「平成27年度における異議申立ての概要」（平成28年6月））、審査請求の1年以内の処理件数割合は96.3%（国税不服審判所「平成27年度における審査請求の概要」（平成28年6月））。

第8節 代 理 人

　国税不服申立ては、不服申立人本人のみですることができるが、代理人を選任することもできる。

1　代理人となるための資格

　代理人となるための資格については、訴訟の場合とは異なり特に制限はなく、税理士、弁護士その他適当と認める者を代理人に選任することができる（税通107条1項）。もっとも、不服申立人の代理人となってその事務を行うことが税理士業務（税理士2条）に該当するときは[134]、税理士業務を行う弁護士（同51条）、及び税理士業務の制限（同52条）の規定が適用されるので（審通（庁）107-2、審通（審）107-2）、実際に代理人となることができるのは、基本的に、税理士又は税理士法51条に基づく所定の手続を経た弁護士（いわゆる「通知弁護士」）に限られることとなる[135]。また、納税者が出国等の理由により納税管理人を定めている場合で（税通117条）、納税管理人から代理人としての申出があった場合には、代理人として取り扱われる（審通（庁）107-2、審通（審）107-2）。

　代理人は1人に限らず、複数選任することもできる。代理人が複数選任された場合においても、代理人に対する通知その他の行為は1人の代理人に対してすれば足りることとされている（審通（庁）107-4、審通（審）107-4）。

　不服申立てに係る代理権は、不服申立ての種類ごとにその範囲を明確にして与えられることを要するから、例えば、再調査の請求についての代理権のみを与えられている場合には、再調査の請求の決定を経た後の処分について審査請求をするときや、合意によるみなす審査請求（税通89条1項）により再調査の請求を審査請求として取り扱う

ことについての同意をするときは、いずれも新たな授権が必要となる（審通（庁）107-3、審通（審）107-3）。

2　代理人の権限

代理人は、不服申立人のために、不服申立ての取下げ及び復代理人[136]の選任を除く審査請求に関する一切の行為をすることができる（税通107条2項本文）。

再調査決定書及び裁決書の謄本の送達は、当該不服申立てが代理人によってされているときにおいても、原則としては本人に対して行われるが、不服申立人から謄本の送達先を代理人とする旨の書面（審査請求については様式5-3（194頁））の提出があった場合には、原則として当該代理人に対して送達される（審通（庁）84-18、審通（審）101-4）。

不服申立ての取下げ及び復代理人の選任については、代理人に特別の委任をしなければすることができない（税通107条2項ただし書）。

3　代理権の証明

代理人の権限は、書面で証明しなければならない（税通令31条の2、32条3項、37条の2第1項本文）。これは、特別の委任の場合も同様である（同項ただし書）。

代理権を証する書面の様式については、再調査の請求に係るものは第4章第1節2(1)（144頁）を、審査請求に係るものは第5章第1節2(1)（179頁）をそれぞれ参照されたい。

4　代理権の消滅

不服申立てに係る代理権は、次に掲げる場合に消滅する（審通（庁）107-7、審通（審）107-7）。

①　委任の解除

② 不服申立人本人の死亡
③ 不服申立人たる法人の合併による消滅
④ 代理人の死亡
⑤ 代理人が後見開始の審判又は破産手続開始の決定を受けた場合

　代理人がその権限を失ったときは、書面でその旨を再調査審理庁や国税不服審判所長といった不服申立先の機関（以下「国税不服審判所長等」という。）に届け出なければならない（税通令37条の2第2項）。代理権を失った旨を届け出る書面の様式については、再調査の請求に係るものは第4章第1節2(1)（144頁）を、審査請求に係るものは第5章第1節2(1)（179頁）をそれぞれ参照されたい。

　なお、代理権の消滅は、代理権消滅の届出前に代理人によってされ、又は代理人に対してされた一切の行為の効力に影響を及ぼさない（審通（庁）107–8、審通（審）107–8）。

注

134　税理士法2条本文の「業とする」とは、当該事務を反復継続して行い、又は反復継続する意思をもって行うことをいい、必ずしも有償であることを要しない（審通（庁）107–2（注）、審通（審）107–2（注））。

135　税理士業務の対象外である印紙税、登録免許税、自動車重量税、電源開発促進税（税理士2条1項柱書括弧内、税理士令1条）についての不服申立てについては、この限りでない。

136　「復代理人」とは、代理人が選任する本人の代理人のことをいう。

第9節　総　代

1　共同不服申立て

　一つの処分について複数の者が取消しを求める場合[137]や、複数の者の不服申立てが同一の事実上及び法律上の原因に基づいており、それらを画一的に処理することを求める場合[138]には、共同して不服申立てすることができる。これを「共同不服申立て」（個別には「共同再調査の請求」・「共同審査請求」）という。

2　総代の互選

　多数人[139]が共同不服申立てをするときは、3人を超えない範囲で総代を互選することができる（税通108条1項）。なお、共同不服申立てとしては不適法であるが、個々の不服申立人の不服申立てとしてみれば適法なもの又は補正可能なものについては、個々に不服申立てをする意思がないと認められるものを除き、当該個々の不服申立人の不服申立てとして取り扱われる（審通（庁）108-3、審通（審）108-3）。

　また、共同不服申立人が総代を互選しない場合には、国税不服審判所長等は、必要に応じて、総代の互選を命ずることができる（税通108条2項）。総代の互選命令が履行されなかった場合には、当該共同不服申立ては不適法な不服申立てとなる（審通（庁）108-5、審通（審）108-5）。

3　総代の権限と証明

　総代が選任された場合は、代理人による不服申立ての場合と異なり、共同不服申立人の不服申立てに関する一切の行為（不服申立ての取下

げを除く。）は総代を通じてのみこれを行うことができる（税通108条3項・4項、審通（庁）108-4、審通（審）108-4）。

総代の権限は、書面で証明しなければならない（税通令31条の2、32条3項、37条の2第1項前段・3項）。総代の権限を証する書面の様式については、再調査の請求に係るものは第4章第1節2⑵（149頁）を、審査請求に係るものは第5章第1節2⑵（190頁）をそれぞれ参照されたい。

4　総代の権限消滅

共同不服申立人は、必要に応じて、総代を解任することができる（税通108条6項）。

不服申立てに係る総代の権限は、総代の解任により消滅するほか、次に掲げる場合に消滅する（審通（庁）107-7・108-6、審通（審）107-7・108-6）。

①　不服申立人本人の死亡
②　不服申立人たる法人の合併による消滅
③　総代の死亡
④　総代が後見開始の審判又は破産手続開始の決定を受けた場合

総代がその権限を失ったときは、書面でその旨を国税不服審判所長等に届け出なければならない（税通令37条の2第2項・3項）。総代が権限を失った旨を届け出る書面の様式については、再調査の請求に係るものは第4章第1節2⑵（149頁）を、審査請求に係るものは第5章第1節2⑵（190頁）をそれぞれ参照されたい。

なお、総代の権限消滅は、代理権の消滅と同様に、権限消滅の届出前に総代によってされ、又は総代に対してされた一切の行為の効力に影響を及ぼさない（審通（庁）107-8・108-6、審通（審）107-8・108-6）。

注

137 例えば、複数の抵当権者が、一つの差押処分について、共同して審査請求をする場合が該当する（審通（庁）108–1、審通（審）108–1）。

138 例えば、複数の相続人が、相続税の課税価格の合計額又は相続税の総額に係る各相続人の相続税額につきなされた更正処分について、共同して不服申立てをする場合が該当する（審通（庁）108–1、審通（審）108–1）。

139 「多数人」とは、総代が3人以下とされている趣旨に照らし、4人以上を指すものと解される（田中真次＝加藤泰守『行政不服審査法解説〔改訂版〕』（昭和52年・日本評論社）105頁、南博方＝小高剛『全訂注釈行政不服審査法』（昭和63年・第一法規出版）124頁、新行審71頁、逐条91頁）。

第10節　参加人

1　利害関係人の参加

「利害関係人」とは、不服申立人以外の者であって不服申立てに係る処分の根拠となる法令に照らし当該処分につき利害関係を有するものと認められる者をいう（税通109条1項括弧内）。例えばこの利害関係人には、滞納者から公売処分取消しの不服申立てがされた場合の公売財産の買受人のように不服申立人と利害の相反する者で当該処分の取消しによって法律上の不利益を被る者又は共同不服申立人となり得る立場にありながら自らは不服申立てをしなかった者が該当する。ただし、利害関係人は、不服申立ての決定又は裁決の結果につき法律上の利害関係を有する者であることを要するから、単に迷惑を被ったこと又は経済的な損害を受けたことを理由とする感情上又は事実上の利害関係を有するにすぎない者はこれに当たらない（審通（庁）109－1、審通（審）109－1）。

利害関係人は、国税不服審判所長等の許可を得て、その不服申立てに参加することができる（税通109条1項、税通令37条の2第1項前段）。かかる参加許可の申請があった場合には、国税不服審判所長等は、利害関係人であれば許可すべきであるが、当該参加の許可申請が多人数によるものであっていたずらに調査の遅延を来すおそれがあるなど支障があると認められるときは、許可しないものとされている（審通（庁）109-3、審通（審）109-3）。

利害関係人が国税不服審判所長等に対し参加の申請をする場合の書面の様式については、再調査の請求に係るものは第4章第3節（156頁）を、審査請求に係るものは第5章第3節（202頁）をそれぞれ参照されたい。

また、国税不服審判所長等は、必要に応じて、利害関係人に対し、その不服申立てに参加することを求めることができる（税通109条2項）。この場合、当該利害関係人はその諾否にかかわらず参加人となることとされている（審通（庁）109-4、審通（審）109-4）。

以上のようにしてその不服申立てに参加する者を「参加人」という（税通109条3項括弧書）。

利害関係人が参加人となることについて、不服申立人の同意は要しない（審通（庁）109-2、審通（審）109-2）。

2　参加人の代理人

参加人は、代理人を選任することができる。

参加人の代理人の取扱いは、不服申立人の代理人の取扱い[140]に準ずることとされている（税通109条3項）。そのため、参加人の代理人は、その不服申立てへの参加に関する一切の行為をすることができるが、不服申立てへの参加の取下げは特別の委任を受けた場合に限りすることができることとなる。

参加人の代理人の権限は、書面で証明しなければならない（税通37条の2第1項本文）。これは、特別の委任の場合も同様である（同項ただし書）。参加人の代理人の権限を証する書面の様式については、再調査の請求に係るものは第4章第3節（156頁）を、審査請求に係るものは第5章第3節（202頁）をそれぞれ参照されたい。

3　参加人の権限の消滅

参加人がその権限を失ったときは、不服申立人は、書面でその旨を国税不服審判所長等に届け出なければならない（税通令37条の2第2項）。その際の書面の様式については、再調査の請求に係るものは第4章第3節（156頁）を、審査請求に係るものは第5章第3節（202頁）をそれぞれ参照されたい。

また、不服申立人が不服申立てを取り下げたときは、参加人は当然にその地位を失うこととなる（不服申立ての取下げについては、参加人の同意を要しない。審通（庁）109-8、審通（審）109-8）。

　なお、不服申立人が死亡した場合には、参加人は引き続きその地位にとどまるのであるが、参加人が死亡した場合には、参加の効力は当然に消滅することとなるから、その相続人については、改めて参加の許可の申請を待って許可するか、又は必要に応じて参加を求めることとなる（審通（庁）109-9、審通（審）109-9）。

注
140　本章第8節（108頁）参照。

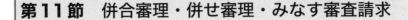

第11節　併合審理・併せ審理・みなす審査請求

1　併合審理

　国税不服審判所長等は、必要に応じて、数個の不服申立てに係る審理手続を併合し、又は併合された数個の不服申立てに係る審理手続を分離することができる（税通104条1項）。これを「併合審理」という。

　併合審理は、例えば、次に掲げる不服申立てのように、一又は複数の処分についてされた複数の不服申立てが、それぞれ別個に係属している場合に行われることとなる（審通（庁）104-1、審通（審）104-1）。

① 同一年分、同一事業年度分又は同一課税期間の更正又は決定についての不服申立てと再更正についての不服申立て

② 本税の更正又は決定についての不服申立てと加算税の賦課決定についての不服申立て

③ 青色申告の承認の取消しについての不服申立てと当該取消しに併せてされた更正又は決定についての不服申立て

④ 法人税の更正又は決定についての不服申立てと当該更正又は決定に関連してされた役員給与等に対する源泉徴収に係る所得税の納税の告知についての不服申立て

⑤ 更正の請求の全部又は一部を認容しない処分についての不服申立てと当該更正の請求に係る課税標準等又は税額等の更正についての不服申立て

⑥ 一の差押処分についてされた納税者の不服申立てと利害関係人の不服申立て

⑦ 第二次納税義務の告知処分についての不服申立てと第二次納税義務の督促についての不服申立て

このうち、①及び⑤に掲げる複数の不服申立てについては、併合審

理を行うものとし、その旨を不服申立人に通知するものとされている。

また、併合審理をした場合の決定又は裁決は、それぞれの不服申立てについてしなければならないが、それぞれの不服申立てが同一人からされたものであるときは、便宜同一の再調査決定書又は裁決書にそれぞれの主文を併記し、決定又は裁決の理由の記載は共通にしても差し支えないこととされている（審通（庁）104-3、審通（審）104-3）。

なお、併合審理は、後述の「みなす審査請求」についても行うことができる（審通（審）104-2）。

2　併せ審理

同一の課税標準等又は税額等についてされた複数の処分のいずれか一方について不服申立てがされている場合には、国税不服審判所長等は、併合審理によるほか、不服申立てがされていない他の処分（既に不服申立ての決定又は裁決（却下の決定又は裁決を除く。）がされているものを除く。）について、併せて審理することができる（税通104条2項）。これを「併せ審理」という。

併せ審理を行うことができる複数の処分とは、次に掲げるような処分をいう（審通（庁）104-2、審通（審）104-4）。なお、以下の「再更正」又は「再度の賦課決定」は、いずれも増額の更正又は賦課決定をいう。

① 　更正又は決定と再更正
② 　更正の請求の全部又は一部を認容しない処分と更正
③ 　賦課決定（加算税及び過怠税の賦課決定を除く。）と再度の賦課決定

併せ審理を行った場合、国税不服審判所長等は、その不服申立てについての決定又は裁決において併せ審理に係る他の処分の全部又は一部を取り消すことができる（税通104条3項）。

なお、加算税の賦課決定について不服申立てがされた場合において、当該加算税の計算の基礎となった本税の更正決定等について不服申立

てがされていないときは、当該本税の更正決定等については併せ審理はしないこととされている（審通（庁）104-4、審通（審）104-5）。

3　みなす審査請求

一定の必要性がある場合に、原処分庁に対して行われた再調査の請求を国税不服審判所長に対する審査請求とみなして、国税不服審判所において調査及び審理が行われる制度がある。これを「みなす審査請求」という。なお、不適法な再調査の請求は、みなす審査請求の適用があったからといって、適法な審査請求となるものではない（審通（審）89-1、90-2）。

みなす審査請求には、①合意によるみなす審査請求と②他の審査請求に伴うみなす審査請求とがある。

```
みなす審査請求 ┬ 合意によるみなす審査請求
              └ 他の審査請求に伴うみなす審査請求
```

(1)　合意によるみなす審査請求

再調査の請求をされた原処分庁が、その再調査の請求を審査請求として取り扱うことを適当と認め、かつ、再調査の請求人もそれに同意した場合には、その再調査の請求は審査請求とみなされる（税通89条1項）。これを「合意によるみなす審査請求」という。

原処分庁が再調査の請求を審査請求として取り扱うことが適当と認める例としては、法人税の更正又は決定と当該更正又は決定に関連してされた役員給与等に対する源泉徴収に係る所得税の納税の告知のように、基本的な事実関係又は証拠関係を一にする複数の処分についての複数の不服申立ての一が審査請求であり、他は再調査の請求であるような場合がこれに該当する（審通（庁）89-1、審通（審）104-5）。

このみなす審査請求に係る再調査の請求人の同意は、書面（「審査

請求とすることについての同意の求めに対する回答書」様式3-1）により確認される（審通（庁）89-2）。

　この書面には、再調査の請求に係る処分の理由が当該処分に係る通知書その他の書面により処分の相手方に通知されている場合を除き、その処分の理由が付記される（税通89条2項）。ここで付記される処分の理由については、再調査の請求人のじ後の争訟の便宜をも考慮して処分の根拠を具体的に記載するものとされている（審通（庁）89-3）。もっとも、平成23年12月の改正によって、国税に関する法律に基づく申請に対する処分又は不利益処分については、行政手続法8条又は14条の規定に基づき理由付記を実施することとされたので（税通74条の14第1項括弧書）、現在は、みなす審査請求の同意を求める書面に理由が付記されるケースは少ないであろう。

　再調査の請求人が同意する旨の回答をしたときは、その日に審査請求がされたものとみなされる[141]（税通89条1項）。したがって、その後3か月以内に裁決がないときは、裁決を経ないで裁判所に訴訟を提起することができることとなる（同115条1項1号）。

　合意によるみなす審査請求に該当するときは、その再調査の請求がされている原処分庁は、その再調査の請求書等を国税不服審判所長に送付し、かつ、その旨を再調査の請求人及び参加人に通知しなければならない（税通89条3項前段）。そして、その送付された再調査の請求書は、審査請求書とみなされる（同項後段）。

(2) 他の審査請求に伴うみなす審査請求

　同一の国税の課税標準等又は税額等についてされた複数の処分がある場合において、これらの処分が異なる審級において不服申立ての対象となっているときは、再調査の請求をされた原処分庁はその再調査の請求書等を国税不服審判所長に送付し、かつ、その旨を再調査の請求人又は参加人に通知することより、その再調査請求は審査請求とみ

第11節　併合審理・併せ審理・みなす審査請求

様式3-1　審査請求とすることについての同意の求めに対する回答書

受付印

平成＿＿＿年＿＿＿月＿＿＿日

＿＿＿＿＿＿税務署長　殿

（住所又は納税地）
＿＿＿＿＿＿＿＿＿＿＿＿＿＿＿＿
（法　人　名）
＿＿＿＿＿＿＿＿＿＿＿＿＿＿＿＿
（氏名又は代表者名）
＿＿＿＿＿＿＿＿＿＿＿＿＿＿㊞
（法人番号）
＿＿＿＿＿＿＿＿＿＿＿＿＿＿＿＿

審査請求とすることについての同意の求めに対する回答書

平成＿＿＿年＿＿＿月＿＿＿日付でした＿＿＿についての再調査の請求を審査請求として取り扱うことに　同意します。
同意しません。

※整理欄　番号確認

※整理欄は、記載しないでください。

（不服20）

なされる（税通90条、審通（審）90-1）。これを「他の審査請求に伴うみなす審査請求」という。

　他の審査請求に伴うみなす審査請求の趣旨は、争訟経済を勘案し、また、相互に矛盾した判断が下されて混乱の生ずることのないようにするため、国税不服審判所長が複数の処分を同時に併合して審理することを可能とするためである[142]。

　国税不服審判所長に送付された再調査の請求書が審査請求とみなされること及びその効果、並びに再調査の請求人に対する通知書において原処分の理由が開示されることについては、先に解説した「合意によるみなす審査請求」に準じて取り扱われる（税通90条4項、審通（庁）90-1）。

　他の審査請求に伴うみなす審査請求が適用される場合、国税不服審判所長は、併合審理（税通104条1項）により本来の審査請求と併合して審理を行うことができることとなる。

注

[141]　ただし、これによって審査請求とみなされたからといって、再調査の請求が不適法であった場合には、適法な審査請求となるものではない（審通（審）89-1）。

[142]　精解1079頁。

第12節　取下げ

　不服申立人は、不服申立てについての決定又は裁決があるまでは、いつでも、書面により当該不服申立てを取り下げることができる（税通110条1項）。これを「取下げ」という。

　代理人によって不服申立ての取下げを行う場合には、その取下げの委任を受けたことを証する書面を提出しなければならない（審通（庁）110-2、審通（審）110-2）。

　不服申立てを取り下げる際の書面の様式については、再調査の請求に係るものは第4章第5節（163頁）を、審査請求に係るものは第5章第5節（210頁）をそれぞれ参照されたい。

　不服申立ての取下げができる者は、不服申立人本人及び取下げについて特別の委任を受けた代理人に限られ、総代又は取下げの委任を受けていない代理人はこれをすることができない（審通（庁）110-1、審通（審）110-1）。

　また、参加人についても、不服申立ての取下げをすることはできない（審通（庁）109-7、審通（審）109-6）。取下げについての参加人の同意は不要であり、不服申立人が不服申立てを取り下げたときは、参加人は当然にその地位を失うこととなる（審通（庁）109-8、審通（審）109-8）。

第13節　不服申立てと徴収との関係

1　執行不停止の原則

　国税に関する法律に基づく処分に対する不服申立てがあった場合であっても、直ちにこれによる原処分の執行又は手続の続行は停止されない（税通105条1項本文）。これを「執行不停止の原則」という。

　ただし、これには、以下に述べるような例外がある。

2　差押財産の換価の制限

　国税の徴収のために差し押さえた財産の滞納処分による換価については、これを停止しないと、不服申立人に有利な決定又は裁決が出されたとしてもその実行を伴わない場合が起こり得る。

　そこで、差押財産の換価については、その財産の価額が著しく減少するおそれがあるとき、又は不服申立人（不服申立人が処分の相手方でないときは、不服申立人及び処分の相手方）から別段の書面の提出による申出があるときを除き、その不服申立てについての決定又は裁決があるまで、することができないこととされている（税通105条1項ただし書、審通（庁）105-1、審通（審）105-1）。

　なお、再調査の請求の決定から審査請求がされるまでの間（審査請求をすることができる間に限る。）についても、換価が停止される期間に含まれる（徴基通90-11）。

3　再調査審理庁による徴収の猶予等

　再調査審理庁は、必要があると認める場合には、再調査の請求人の申立てにより、又は職権で、再調査の請求の目的となった処分に係る国税の全部若しくは一部の徴収を猶予し、若しくは滞納処分の続行を

停止し、又はこれらを命ずることができる（税通105条2項）。

ここで「必要があると認める場合」とは、例えば、次のいずれかに当たる場合をいう（審通（庁）105-2）。

① 再調査の請求の対象となった処分の全部又は一部につき取消しが見込まれる場合
② 徴収の猶予をしても再調査の請求の対象となった処分に係る国税の徴収に不足を生ずるおそれがないと認められる場合（再調査の請求に理由がないと認められる場合を除く。）
③ 再調査の請求にある程度理由があり、かつ、滞納処分を執行することにより納税者の事業の継続又は生活の維持を困難にするおそれがあると認められる場合

4　再調査審理庁による差押えの猶予等

再調査審理庁は、再調査の請求人が、担保を提供して、再調査の請求の目的となつた処分に係る国税につき、滞納処分による差押えをしないこと又は既にされている滞納処分による差押えを解除することを求めた場合において、相当と認めるときは、その差押えをせず、若しくはその差押えを解除し、又はこれらを命ずることができる（税通105条3項）。

ここで「相当と認めるとき」とは、不服申立ての対象となった処分に係る国税の徴収が確実であると見込まれる担保の提供があったときをいう（審通（庁）105-2）。

5　国税不服審判所長による徴収の猶予等

審査請求においても、徴収の猶予、滞納処分の続行の停止、差押えの猶予等が再調査の請求の場合と同様に認められている（税通105条4項・5項）。

国税不服審判所長が徴収の猶予等を求めたときは、税務署長等の徴

収所轄庁はそれに従わなければならない（税通105条6項）。

　審査請求人が徴収の猶予又は滞納処分の続行の停止を求める際には、「徴収の猶予等の申立書」様式3-2を国税不服審判所長に提出する。

　また、審査請求人が、徴収所轄庁に担保を提供した上で、国税不服審判所長が審査請求の目的となった処分に係る国税につき、滞納処分による差押えをしないこと又は既にされている滞納処分による差押えを解除することを徴収所轄庁に求める場合には、「滞納処分による差押えの解除等の申請書」様式3-3を国税不服審判所長に提出する。

第13節　不服申立てと徴収との関係

様式3-2　徴収の猶予等の申立書

```
                                        平成　年　月　日

              徴収の猶予等の申立書

国税不服審判所長　殿      審査請求人
                        (住所・所在地)　〒　　－

                        (ふりがな)（　　　　　　　　　　）
                        (氏名・名称)                    ㊞
                        (法人の場合、法人番号)
                        ┌─┬─┬─┬─┬─┬─┬─┬─┬─┬─┬─┬─┬─┐
                        └─┴─┴─┴─┴─┴─┴─┴─┴─┴─┴─┴─┴─┘
                        (法人の場合、代表者の住所)　〒　　－

                        (法人の場合、代表者の氏名、ふりがな)
                        （　　　　　　　　　　）          ㊞

                        代理人
                        (住所・所在地)　〒　　－

                        (ふりがな)（　　　　　　　　　　）
                        (氏名・名称)                    ㊞

    下記1の審査請求に係る国税について、国税通則法第105条第4項の規定に基づき、
  裁決の効力が生ずるまでの間、下記2のとおり  徴 収 を 猶 予
                                          滞納処分の続行を停止  することを
  徴収の所轄庁に求めるよう申し立てます。

                         記

  1  審査請求
    (1) 所　轄　庁　　_____
    (2) 原　処　分　　_____
    (3) 審査請求書の収受年月日　平成____年____月____日

  2  徴収の猶予等を求める理由
```

18号様式

「徴収の猶予等の申立書（18号）」の書き方

　この「徴収の猶予等の申立書（18号）」は、国税通則法第105条第4項の規定に基づき、国税不服審判所長が審査請求の目的となった処分に係る国税の全部若しくは一部の徴収を猶予し、又は滞納処分の続行を停止することを徴収の所轄庁に求めることを、国税不服審判所長に申し立てる場合に使用します。
1　代理人が提出される場合には、審査請求人の押印は必要がありません。
2　「徴収を猶予」又は「滞納処分の続行を停止」の記載については、不要な記載を二重線等で抹消してください。
3　「1　審査請求」の「(2) 原処分」欄には、この申立書により、徴収の猶予等を求める審査請求の目的となった処分名を記載してください。
4　「2　徴収の猶予等を求める理由」欄には、その理由をなるべく具体的に記載してください。記載欄が不足する場合には、適宜の用紙に記載の上、提出してください。

第3章 国税不服申立制度の概要

様式3-3 滞納処分による差押えの解除等の申請書

```
                                           平成   年   月   日

              滞納処分による差押えの解除等の申請書

  国税不服審判所長　殿
                              審査請求人
                              (住所・所在地) 〒

                              (ふりがな) (              )
                              (氏名・名称)                    ㊞
                              (法人の場合、法人番号)
                              □□□□□□□□□□□□□
                              (法人の場合、代表者の住所) 〒


                              (法人の場合、代表者の氏名、ふりがな)
                                                            ㊞

                              代理人
                              (住所・所在地) 〒


                              (ふりがな)
                              (氏名・名称)                    ㊞


    下記1の審査請求に係る国税について、国税通則法第105条第5項の規定に基づき、徴収
  の所轄庁に下記2に掲げる担保を提供しますので、裁決の効力が生ずるまで、下記3及び4
         滞納処分による差押えをしないこと
  のとおり                                    を徴収の所轄庁に求め
         既にされている滞納処分による差押えを解除すること
  ることを申請します。
                          記
  1  審査請求
    (1) 所　轄　庁　_____
    (2) 原　処　分　_____
    (3) 審査請求書の収受年月日　平成　　年　　月　　日
  2  提供する担保
    (1) 担保の種類・数量　_____
    (2) 担保の評価額　_____円
  3  差押えの解除を求める物件
    (1) 物件の所在地　〒　－

    (2) 物件の種類、数量
  4  差押えの解除等を求める事情


                                              19号様式
                                            ┌─────────┐
                                            │審判所整理欄*│
                                            │番号確認   │
                                            └─────────┘
                                            ※審判所整理欄は記入
                                             しないでください
```

「滞納処分による差押えの解除等の申請書（19号）」の書き方

　この「滞納処分による差押えの解除等の申請書（19号）」は、国税通則法第105条第5項の規定に基づき、審査請求人が、徴収の所轄庁（国税局長、税務署長又は税関長）に担保を提供した上で、国税不服審判所長が審査請求の目的となった処分に係る国税につき、滞納処分による差押えをしないこと又は既にされている滞納処分による差押えを解除することを徴収の所轄庁に求めることを、国税不服審判所長に申請する場合に使用します。

1　代理人が提出される場合には、審査請求人の押印は必要がありません。
2　「滞納処分による差押えをしないこと」又は「既にされている滞納処分による差押えを解除すること」の記載については、不要な記載を二重線等で抹消してください。
3　「1　審査請求」の「(2) 原処分」欄には、この申請書により、滞納処分による差押えの解除等を求める審査請求の目的となった処分名を記載してください。
4　「3　差押えの解除を求める物件」欄は、既にされている滞納処分による差押えを解除することを申請する場合に記載してください。
5　「4　差押えの解除等を求める事情」欄には、その事情をなるべく具体的に記載してください。記載欄が不足する場合には、適宜の用紙に記載の上、提出してください。

第14節　不服申立人の地位の承継

　不服申立人が死亡したときは、相続人[143]が不服申立人の地位を承継する（税通106条1項）。

　不服申立人について合併又は分割（不服申立ての目的である処分に係る権利を承継させるものに限る。）があったときは、合併後存続する法人若しくは合併により設立した法人又は分割により当該権利を承継した法人が不服申立人の地位を承継する（税通106条2項前段）。不服申立人である人格のない社団等の財産に属する権利義務を包括して承継した法人についても、同様である（同項後段）。

　以上により不服申立人の地位を承継した者は、書面（死亡若しくは分割による権利の承継又は合併の事実を証する書面[144]を添付）でその旨を国税不服審判所長等に届け出なければならない（税通106条3項）。ただし、かかる届出がない場合においても、不服申立人の地位は当然に承継されるから、地位を承継した者が当該不服申立てを取り下げない限り、当該事案の調査は継続されるべきである（審通（庁）106-3(1)、審通（審）106-5(1)）。かかる届出の様式については、再調査の請求については第4章第4節（160頁）を、審査請求については第5章第4節（204頁）をそれぞれ参照されたい。

　また、不服申立ての目的である処分に係る権利を譲り受けた者は、国税不服審判所長等の許可を得て、不服申立人の地位を承継することができる（税通106条4項）。ここで「不服申立ての目的である処分に係る権利を譲り受けた者」には、例えば、第三者所有の不動産について差押えがされた場合において、その第三者から当該不動産の差押処分についての不服申立てがされた後に当該不動産をその第三者から譲り受けた者がこれに当たることとなる（審通（庁）106-4、審通（審）106-3）。なお、不服申立ての対象となった処分に係る権利を譲り受

第3章　国税不服申立制度の概要

けた者が不服申立人の地位を承継したときは、当該権利を譲り渡した者（当該権利の一部を譲り渡した者を除く。）は、当該事件の不服申立手続から当然に脱退することとなる（審通（庁）106-3(2)、審通（審）106-5(2)）。

注
143　「相続人」には、包括受遺者が含まれる（審通（庁）106-1、審通（審）106-1）。
144　「権利の承継又は合併の事実を証する書面」には、例えば、相続の場合における戸籍謄本又は合併の場合における登記事項証明書がこれに当たる（審通（庁）106-2、審通（審）106-2）。

第15節　国税不服申立て等の状況

ここでは、最近の国税不服申立て及び訴訟の状況を国税庁の統計資料を基に紹介する。ただし、平成26年改正法は平成28年4月に施行されたばかりであるから、ここで紹介するデータは全て改正法施行前の状況であることに留意いただきたい。

1　異議申立ての状況

最近10年間の異議申立ての状況は、【図表3-10】のとおりである。

これを見ると、直近の平成27年度における異議申立ての件数は3,191件であり、申告所得税等、源泉所得税等、相続税・贈与税、消

【図表3-10】異議申立ての状況

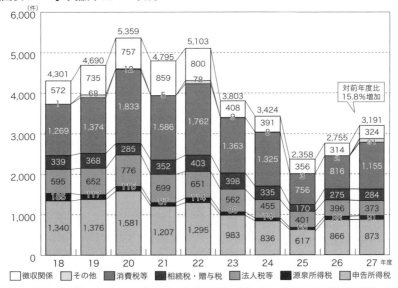

(注) 1　「申告所得税等」は、申告所得税及び復興特別所得税の件数であり、内書きは復興特別所得税の件数。
　　 2　「源泉所得税等」は、源泉所得税及び復興特別所得税の件数。
　　 3　「法人税等」は、法人税及び復興特別法人税の件数。
　　 4　平成25・26年度における発表資料では、復興特別所得税及び復興特別法人税は「その他」に含められていたが、平成27年度からは、「申告所得税」、「源泉所得税」及び「法人税」の各税目に含めることとされた。
　　 5　「消費税等」は、消費税及び地方消費税の件数。
(出典) 国税庁「平成27年度における異議申立ての概要」(平成28年6月)

第3章 国税不服申立制度の概要

費税等及び徴収関係に係る件数などが増加したことに伴い、前年度と比べ15.8％の増加となっている。

同様に異議申立ての処理状況は、【図表3－11】のとおりである。

これを見ると、平成27年度における異議申立ての処理件数は3,200件であり、このうち、納税者の主張が何らかの形で受け入れられた件数は270件（一部認容212件、全部認容58件）で、その割合は8.4％（一部認容6.6％、全部認容1.8％）となっており、前年度と比べ0.9ポイントの減少となっている。

また、国税庁では、簡易迅速な手続により納税者の権利利益の救済を図るために、異議申立ての目標処理期間を3か月以内と定めており、この目標を達した処理件数割合は99.3％となっている（割合は、相互協議事案、公訴関連事案及び国際課税事案を除いて算出）。

【図表3－11】 異議申立ての処理状況

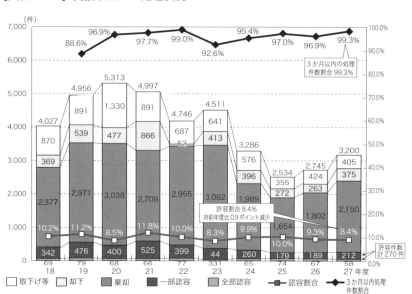

（出典）国税不服審判所「平成27年度における審査請求の概要」（平成28年6月）

第15節　国税不服申立て等の状況

2　審査請求の状況

　最近10年間の審査請求の状況は、【図表3-12】のとおりである。

　これを見ると、直近の平成27年度における審査請求の件数は2,098件であり、前年度と比べ微増（3.3％増加）となっている。

【図表3-12】審査請求の状況

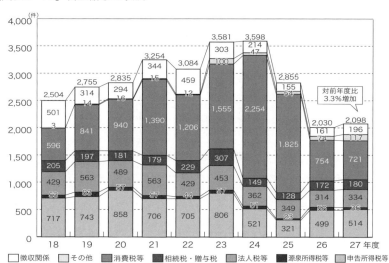

(注)　1　「申告所得税等」は、申告所得税及び復興特別所得税の件数であり、内書きは復興特別所得税の件数。
　　　2　「源泉所得税等」は、源泉所得税及び復興特別所得税の件数。
　　　3　「法人税等」は、法人税及び復興特別法人税の件数。
　　　4　平成25・26年度における発表資料では、復興特別所得税及び復興特別法人税は「その他」に含められていたが、平成27年度からは、「申告所得税」、「源泉所得税」及び「法人税」の各税目に含めることとされた。
　　　5　「消費税等」は、消費税及び地方消費税の件数。
(出典)　国税庁「平成27年度における異議申立ての概要」（平成28年6月）

　同様に、審査請求の処理状況は、【図表3-13】のとおりである。

　これを見ると、平成27年度の審査請求の処理件数は2,311件で前年度比77.6％となっている。この処理件数のうち、納税者の主張が何らかの形で受け入れられた件数は184件（一部認容147件、全部認容37件）で、その割合は8.0％（一部認容6.4％、全部認容1.6％）であり、前年度と同率となっている。また、国税不服審判所では審査請求の目標処理期間を1年以内と定めており、この目標を達した処理

【図表3−13】審査請求の処理状況

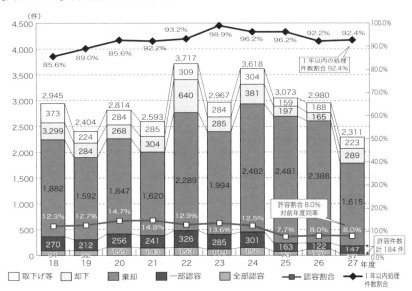

(出典)国税不服審判所「平成27年度における審査請求の概要」(平成28年6月)

件数割合は92.4%となっている(平成26年度中に請求があった事件について、1年以内に処理した割合は96.3%(前年は94.0%))。

3　租税訴訟の状況

　ここでは、参考までに租税訴訟の最近の状況についても取り上げる。

　まず、最近10年間の国税に関する訴訟の発生状況は、【図表3−14】のとおりである。これを見ると、平成27年度における訴訟の発生件数は231件であり、法人税及び徴収関係に係る事件が減少したことに伴い、前年度と比べ2.5%の減少となっている。

　同様に、訴訟の終結状況は【図表3−15】のとおりである。

　これを見ると、平成27年度における終結件数は262件であり、このうち、国側が一部敗訴したもの及び全部敗訴したものは22件(一部敗訴3件、全部敗訴19件)で、その割合は8.4%(一部敗訴1.1%、全部敗訴7.3%)となっている。

第15節　国税不服申立て等の状況

【図表3-14】訴訟の発生状況

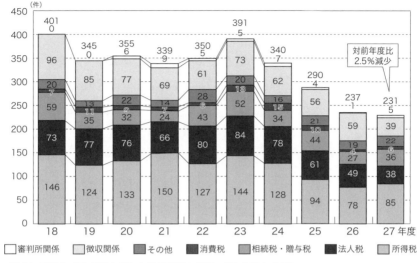

（出典）国税庁「平成27年度における訴訟の概要」（平成28年6月）

【図表3-15】訴訟の終結状況

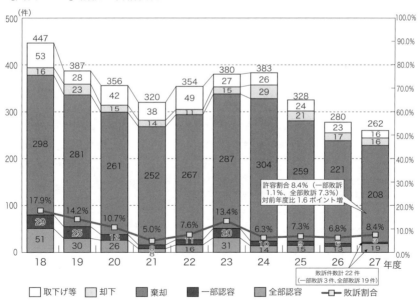

（注）取下げ等は、取下げ、差戻し及び移送等の件数。
（出典）国税庁「平成27年度における訴訟の概要」（平成28年6月）

4 データ件数のカウント方法の違い

　以上紹介した、不服申立ての状況と訴訟の状況では、件数のカウント方法が異なっているため、特に発生件数については単純に比較することはできない。すなわち、異議申立て及び審査請求の状況のデータでは処分毎に発生件数をカウントしていることに対して、訴訟の状況のデータでは訴訟提起された事件毎にカウントしているのである。

　例えば、法人税の事件では、3年分の更正処分にそれぞれ加算税の賦課決定処分を合わせて1つの事件で6つの処分が争われている場合には、処分数と事件数で6倍もの差が生じることとなる。

　やや古いデータだが、実際の国税関係の処分件数と事件数との比較は【図表3-16】のとおりである。

　異議申立て及び審査請求の件数を処分毎にカウントしている理由の一つは、一般法たる行政不服審査法を所管している総務省行政管理局が行っている施行状況調査が処分数に拠っていることにあると考えられるが、いずれにしても、一連の争訟手続の統計データとしての有効性に鑑みれば、処分毎か事件毎かのいずれかに統一されるべきであろう。

【図表3-16】課税処分件数と課税関係争訟数との比較

(申告所得税・法人税・相続税・贈与税の場合。人数（事件）ベース)

		17年度	18年度	19年度	20年度
①	課税処分　上段：加算税賦課 下段：更正・決定	299,409 11,822	308,192 11,351	290,993 11,902	(速報値) 234,760 12,182
②	異議申立て (税務署長等、原処分庁に対するもの)	1,294	1,151	1,203	1,134
③	審査請求 (国税不服審判所に対するもの)	675	554	559	549
④	訴訟 (第一審地方裁判所に対するもの)	112	157	117	122

(注1) 上記計数は、各年に行われた課税処分、異議申立て、審査請求、訴訟の人数（事件）ベースの件数であり、それぞれ個別に対応するものではない。課税処分は事務年度（ただし、加算税賦課につき、申告所得税は会計年度、相続税は国税庁統計年報書による）、課税処分以外は会計年度の計数。
(注2) 「課税処分」の件数は、「加算税賦課」については申告所得税、法人税、相続税及び贈与税に係る加算税賦課決定件数を、「更正・決定」については所得税（着眼を除く実地調査）、法人税（実地調査）、相続税及び贈与税の更正決定件数（一部減額更正を含む。）を、それぞれ合計したもの。
(注3) 「異議申立て」及び「審査請求」の件数は、各年度において、申告所得税、法人税、相続税及び贈与税の処分に対してそれぞれ異議申立て又は審査請求をした納税者の数を合計したもの（国税庁、国税不服審判所調べ）。
(注4) 「訴訟」の件数は、第一審の各年度の提起件数のうち、主たる税目が所得税、法人税、相続税及び贈与税の件数を合計したもの（国税庁調べ）。

(出典) 税制調査会資料

第4章

再調査の請求の手続

第4章 再調査の請求の手続

第1節 再調査の請求書の提出

1 記載事項

再調査の請求は、次に掲げる事項を記載した「再調査の請求書」を提出して行わなければならない（税通81条1項）。

① 原処分の内容
② 原処分に係る通知を受けた年月日
③ 再調査の請求の趣旨及び理由：再調査の請求の趣旨には、処分の取消し又は変更を求める範囲をできるだけ明らかに記載する必要がある（審通（庁）81-2）。また、再調査の請求の理由には、再調査の請求人の再調査の請求の趣旨を肯認させる事項、例えば、再調査の請求の対象となった処分に付した理由に応じてその処分を不服とする理由を具体的に記載する必要がある（審通（庁）81-3）。
④ 再調査の請求の年月日

第1節 再調査の請求書の提出

様式4-1 再調査の請求書

再調査の請求書

(初葉)

① 平成　　年　　月　　日

② ＿＿＿＿＿＿ 税務署長　殿
　 ＿＿＿＿＿＿ 国税局長　殿

再調査の請求人	③ 住所又は所在地（納税地）		郵便番号　－
	④ （フリガナ） 氏名又は名称	（　　　　　　）　　　　　印	電話番号 （　　）
	⑤ 個人番号又は法人番号		※ 個人番号の記入に当たっては、左端を空欄にしてください。
⑥は総代代表又者	住所又は居所		郵便番号　－
	（フリガナ） 氏　　名	（　　　　　　）　　　　　印	電話番号 （　　）
⑦代理人	住所又は居所		郵便番号　－
	（フリガナ） 氏　　名	（　　　　　　）　　　　　印	電話番号 （　　）

下記の処分について不服があるので、再調査の請求をします。

再調査の請求に係る処分の内容＜原処分＞	⑧ 原処分庁	（　　　）税務署長・（　　　）国税局長・その他（　　　　）		
	⑨ 原処分日等	原処分（下記⑩）の通知書に記載された年月日	平成　年　月　日付	
		原処分（下記⑩）の通知書を受けた年月日	平成　年　月　日	
	⑩ 原処分名等	税　目	原　処　分　名	対　象　年　分　等
	（「税目」欄及び「原処分名」欄の該当番号をそれぞれ〇で囲み、「対象年分等」欄は、「原処分名」ごとに記載した上で「税目」欄において〇で囲んだ再調査の請求に係る処分の税目の番号を括弧書で記載してください。）	1 申告所得税 2 復興特別所得税 3 法人税 4 復興特別法人税 5 地方法人税 6 消費税及び地方消費税 7 相続税 8 贈与税 9 （　　）	1 更　正	
			2 決　定	
			加算税　3 a 過少申告加算税の賦課決定	
			b 無申告　加算税の賦課決定	
			c 重　　加算税の賦課決定	
			4 更正の請求に対する更正すべき理由がない旨の通知	
			5 青色申告の承認の取消し	以後
			6 その他（　　　　　）	
		10 源泉所得税 11 復興特別所得税	7 納税の告知	
			加算税　8 a 不納付加算税の賦課決定	
			b 重　加算税の賦課決定	

※整理欄	通信日付印年月日 平成　年　月　日 ・　・	確認印	整理簿	連絡せん	番号確認 □ 済 □ 未済	身元確認	確認書類 個人番号カード ／ 通知カード・運転免許証 その他（　　　　）

※整理欄は、記載しないでください。

(不服1)

第4章　再調査の請求の手続

(次葉)

再調査の請求人の氏名又は名称	

⑪ 再調査の請求の趣旨

★ 原処分の取消し又は変更を求める範囲等について、該当する番号を○で囲んでください。

　1：全部取消し　………　初葉記載の原処分の全部の取消しを求める。
　2：一部取消し　………　初葉記載の原処分のうち、次の部分の取消しを求める。
　3：変更　……………　初葉記載の原処分について、次のとおりの変更を求める。

★ 上記番号2の「一部取消し」又は3の「変更」を求める場合には、その範囲等を記載してください。

⑫ 再調査の請求の理由

★ 取消し等を求める理由をできるだけ具体的に記載してください。
　なお、この用紙に書ききれない場合には、適宜の用紙に記載して添付してください。

⑬ 添付書類等（★該当番号を○で囲んでください。）

1：委任状（代理人の権限を証する書類）
2：総代選任書
3：再調査の請求の趣旨及び理由を計数的に説明する資料
4：その他（　　　　　　　　　　　　）

⑭ 原処分があったとき以後に納税地の異動があった場合

1：原処分をした税務署長又は国税局長
　⇒（　　　　　）税務署長・（　　　　　）国税局長
2：原処分の際の納税地
　⇒

⑮ 不服申立期間経過後に、再調査の請求をすることとなった理由

※補正欄	補正した日	補正箇所	補正内容

(不服1)

第1節　再調査の請求書の提出

様式4-2　再調査の請求書の記載要領

○　再調査の請求書の記載要領

　再調査の請求書には、再調査の請求に係る処分の内容、再調査の請求に係る処分があったことを知った年月日、再調査の請求の趣旨及び理由、再調査の請求の年月日などを記載しなければなりません。
　なお、連結親法人が受けた連結納税に係る更正処分等に対する再調査の請求は、連結親法人が行うことに注意してください。
以下、再調査の請求書用紙に沿って記載方法を説明します。
1　「①＿年＿月＿日」欄
　　再調査の請求書の提出年月日を記載してください。
2　「②＿＿＿＿税務署長殿、＿＿＿国税局長殿」欄
　　再調査の請求書を提出する行政機関の長を記載してください。
3　「③住所又は所在地（納税地）」欄
　　再調査の請求をしようとする方の住所又は法人の所在地を記載してください。
　住所又は所在地と納税地が異なる場合には、上段に住所又は所在地を、下段に納税地を括弧書で記載してください。
4　「④（フリガナ）氏名又は名称」欄、「⑤個人番号又は法人番号」欄及び「⑥総代又は代表者」欄
　(1)　個人の場合には、④欄に氏名を記載し、押印した上で、⑤欄に個人番号を記載してください。
　　なお、総代を互選している場合には、⑥欄に総代の住所又は居所及び氏名を記載し、総代の印を押すとともに、総代選任書を必ず添付してください。
　　　また、「総代選任書」については、国税庁ホームページ【www.nta.go.jp】に掲載されておりますので御利用ください。
　　　なお、請求書の控えを保管する場合においては、その控えには個人番号を記載しない（複写により控えを作成し保管する場合は、個人番号部分が複写されない措置を講ずる）など、個人番号の取扱いには十分ご注意ください。
　(2)　法人の場合には、④欄に名称を、⑤欄に法人番号を、⑥欄に代表者の住所又は居所及び氏名を記載し、代表者の印を押してください（④欄に会社印を押す必要はありません。）。
　　なお、連結親法人が受けた連結納税に係る更正処分等に対する再調査の請求の場合には、名称の前に「連結親法人」と記載してください。
　(3)　氏名又は名称には、フリガナを付けてください。
　(4)　再調査の請求書（次葉）の右上にも「再調査の請求人の氏名又は名称」欄がありますので、必ず記載してください。
5　「⑦代理人」欄
　　代理人が選任されている場合には、その方の住所又は居所若しくは所在地及び氏名又は名称を記載し、代理人の印を押すとともに、委任状を必ず添付してください。
　　なお、「委任状」については、国税庁ホームページ【www.nta.go.jp】に掲載されておりますので御利用ください。
　　また、氏名又は名称には、フリガナを付けてください。
6　「⑧原処分庁」欄
　　再調査の請求の対象とする更正処分等（原処分）の通知書に表示されている行政機関の長が税務署長又は国税局長の場合には、「（　　　　）税務署」又は「（　　　　）国税局長」の欄に記載してください。それ以外の場合には「その他（　　　　　）」に記載してください。
　　なお、次の点に御注意ください。
　(1)　原処分の通知書に「国税局の職員の調査に基づいて行った」旨の記載がある場合には、その国税局長が原処分庁となりますから「○○国税局長」と記載してください。
　(2)　登録免許税の納税告知処分の場合には、「○○税務署長」と記載してください。
7　「⑨原処分日等」欄
　(1)　上段には、「⑩原処分名等」欄に記載する処分の通知書に記載されている年月日を記載してください。
　(2)　下段には、「⑩原処分名等」欄に記載する処分の通知書の送達を受けた年月日を記載してください。
　　　なお、処分の通知書の送達を受けていない場合は、処分があったことを知った年月日を記載してください。
8　「⑩原処分名等」欄
　(1)　「税目」欄は、再調査の請求に係る処分の税目の番号（税目が複数あれば該当する全ての

141

第4章 再調査の請求の手続

番号）を○で囲んでください。
　なお、番号「1」から「8」まで並びに「10」及び「11」以外の税目等の場合には、番号「9」を○で囲み（　）内に税目等を記載してください。
〔税目が「9」の場合の記載例〕
・徴収関係
・酒税
・印紙税
・登録免許税

(2) 「原処分名」欄は、税目ごとに再調査の請求に係る原処分名の番号を○で囲んでください。
　イ　税目が「1」から「9」の場合で該当する原処分名が掲げられていない場合は、「6その他（　）」の番号を○で囲み（　）内に原処分名を記載してください。
　〔（　）内の記載例〕
　　・不動産の差押え
　　・債権の差押え
　　・納税者○○○に係る第二次納税義務の告知
　ロ　「加算税」については各加算税の種類の記号を○で囲んでください。

(3) 「対象年分等」欄は、「原処分名」欄において○で囲んだ原処分名ごとに対象年分、対象月分、対象事業年度、対象課税期間等を記載した上、「税目」欄において○で囲んだ再調査の請求に係る処分の税目の番号を括弧書で記載してください。
　なお、対象年分等が複数の場合は、それぞれ記載してください。
〔記載例〕
・　申告所得税の場合……平成○年分(1)
・　申告所得税及び復興特別所得税の場合……平成○年分（1、2）
・　平成○年分の申告所得税並びに平成×年分の申告所得税及び復興特別所得税の場合……平成○年分(1)、平成×年分（1、2）
・　源泉所得税の場合……平成○年○月～平成○年○月分(10)
・　源泉所得税及び復興特別所得税の場合……平成○年○月～平成○年○月分（10、11）
・　平成○年○月から平成○年○月までの源泉所得税並びに平成×年×月から平成×年×月までの源泉所得税及び復興特別所得税の場合……平成○年○月～平成○年○月分(10)、平成×年×月分～平成×年×月分（10、11）
・　法人税の場合……平成○年○月○日～平成○年○月○日事業年度分(3)
・　法人税及び復興特別法人税の場合……平成○年○月○日～平成○年○月○日事業年度分（3、4）
・　平成○年分の法人税並びに平成×年分の法人税及び復興特別法人税の場合……平成○年○月○日～平成○年○月○日事業年度分(3)、平成×年×月×日～平成×年×月×日事業年度分（3、4）
・　相続税の場合……平成○年○月○日相続開始(7)
・　消費税及び地方消費税の場合……平成○年○月○日～平成○年○月○日課税期間分(6)

9　「⑪再調査の請求の趣旨」欄
　再調査の請求の対象とする処分の取消し等を求める範囲について、番号「1」から「3」までのうち該当する番号を○で囲み、「2：一部取消し」又は「3：変更」の場合には、その求める範囲を具体的に記載してください。
〔記載例〕
・「2：一部取消し」の場合
　初葉記載の所得税の平成○年分の更正処分のうち所得金額△△円を超える部分に対応する税額に係る更正処分の取消し及びこれに伴う○○加算税賦課決定処分の取消しを求める。
・「3：変更」の場合
　初葉記載の贈与税の延納条件を2年とする処分を3年へ変更することを求める。

10　「⑫再調査の請求の理由」欄
　原処分の全部又は一部の取消し等を求める理由をできるだけ具体的に、かつ、明確に記載してください。なお、この用紙に書ききれないときは、適宜の用紙に記載して添付してください。
〔申告所得税の場合の記載例〕
・　私は、土地家屋を平成○年○月○日に譲渡したので、租税特別措置法第35条第1項の特別控除の規定を適用して所得税の確定申告書を提出したが、A税務署長は、当該規定の適用は認められないとして更正処分等を行った。これは、次のとおり事実を誤認したものである。
　（以下、主張する事実関係を詳しく記載してください。）

〔源泉所得税の場合の記載例〕
- B税務署長は、外注先甲に対する支払が所得税法第183条第1項の給与等に該当するとして源泉所得税の納税告知処分をしたが、この処分は次の理由により法律の適用誤りである。
  (以下、適用誤りとされる理由を詳しく記載してください。)

〔相続税の場合の記載例〕
- 私は、相続により取得したゴルフ会員権の価格を○○○円と評価して相続税の申告をしたが、C税務署長はこれを△△△円と評価して更正処分等を行った。しかしながら、これは次のとおり評価を誤ったものである。
  (以下、誤った評価とされる理由を詳しく記載してください。)

〔消費税及び地方消費税の場合の記載例〕
- D税務署長は取引先乙に支払った手数料の金額が、消費税法第30条第1項に規定する仕入税額控除の対象と認められないとして更正処分を行った。しかしながら、この手数料については、次の理由により、仕入税額控除の対象とされるべきである。
  (以下、対象とされるとした理由を詳しく記載してください。)

11 「⑬添付書類等」欄

代理人が選任されている場合の委任状、総代を互選している場合の総代選任書、再調査の請求の趣旨及び理由を計数的に説明する必要から添付する資料がある場合には、それぞれ該当する番号を○で囲んでください。

また、その他の資料を添付する場合には、番号「4」を○で囲んだ上、( )内に添付する書類名を具体的に記載してください。

12 「⑭原処分があったとき以後に納税地の異動があった場合」欄

原処分があったとき以後に納税地の異動があった場合は、再調査の請求の対象とする更正処分等(原処分)の通知書に表示されている行政機関名を記載するとともに、原処分を受けた時の納税地について記載してください。

13 「⑮不服申立期間経過後に、再調査の請求をすることとなった理由」欄

処分の通知書の送達を受けた日(処分の通知書の送達を受けていない場合は、処分があったことを知った日)の翌日から起算して3月を経過した後、又は処分があった日の翌日から起算して1年を経過した後に再調査の請求をすることに正当な理由がある場合には、その理由を記載してください。

なお、正当な理由がないと認められる場合には、再調査の請求は不適法なものとして却下されることとなります。

2 再調査の請求書の添付書面等

(1) 代理人に委任する場合

　再調査の請求人が代理人[145]によって再調査の請求をする場合には、代理人の権限を証する書面を再調査の請求書に添付しなければならない（税通令31条の2、37条の2第1項前段）。

　代理人の権限を証する書面は、代理人が税理士（税理士法人及び税理士業務を行う弁護士等を含む。以下同じ。）である場合には「税務代理権限証書」様式4-3（税理士30条）を提出することとなる。代理人が税理士以外である場合には、「委任状（再調査の請求人用）」様式4-4を用いる。

　　代理人の権限を証する書面　｛　税理士：税務代理権限証書

　　　　　　　　　　　　　　　　　その他：委任状（再調査の請求人用）

　また、再調査決定書の謄本の送達先を代理人としたい場合には、その旨の書面を提出する必要がある（審通（庁）84-18）。

　代理人がその権限を失ったときは、再調査の請求人は、「代理権消滅届出書（再調査の請求人用）」様式4-5を再調査審理庁に提出しなければならない（税通令37条の2第2項）。

第1節　再調査の請求書の提出

様式4-3　税務代理権限証書

税務代理権限証書

※整理番号

受付印

　　年　月　日
　　　　　　殿

税理士
又は
税理士法人

氏名又は名称	
事務所の名称及び所在地	電話（　）－
連絡先	電話（　）－
所属税理士会等	税理士会　　　　支部 登録番号等　第　　　　号

上記の　税理士／税理士法人　を代理人と定め、下記の事項について、税理士法第2条第1項第1号に規定する税務代理を委任します。
　　　　　　　　　　　　　　　　　　　　　　　　　　　　　　　年　月　日

過年分に関する税務代理	下記の税目に関して調査が行われる場合には、下記の年分等より前の年分等（以下「過年分」といいます。）についても税務代理を委任します（過年分の税務代理権限証書において上記の代理人に委任している事項を除きます。）。【委任する場合は□にレ印を記載してください。】	□
調査の通知に関する同意	上記の代理人に税務代理を委任した事項（過年分の税務代理権限証書において委任した事項を含みます。以下同じ。）に関して調査が行われる場合には、私（当法人）への調査の通知は、当該代理人に対して行われることに同意します。【同意する場合は□にレ印を記載してください。】	□
代理人が複数ある場合における代表する代理人の定め	上記の代理人に税務代理を委任した事項に関しては、上記の代理人をその代表する代理人として定めます。【代表する代理人として定める場合は□にレ印を記載してください。】	□

依頼者	氏名又は名称	㊞
	住所又は事務所の所在地	電話（　）－

1　税務代理の対象に関する事項

税　目 （該当する税目にレ印を記載してください。）		年　分　等
所得税（復興特別所得税を含む） ※申告に係るもの	□	平成　　　　年分
法人税 （復興特別法人税・地方法人税を含む）	□	自平成　年　月　日　至平成　年　月　日
消費税及び地方消費税（譲渡割）	□	自平成　年　月　日　至平成　年　月　日
所得税（復興特別所得税を含む） ※源泉徴収に係るもの	□	自平成　年　月　日　至平成　年　月　日 （法定納期限到来分）
税	□	
税	□	
税	□	
税	□	

2　その他の事項

※事務処理欄	部門	業種	他部門等回付　・　・　（　　）部門

145

第4章 再調査の請求の手続

税務代理権限証書の記載要領

1 「税理士又は税理士法人」の「事務所の名称及び所在地」欄には、税理士事務所又は税理士法人の名称及び所在地を記載するとともに、税理士法人の従たる事務所において実務を担当している場合には、「連絡先」に当該従たる事務所の所在地等を記載してください。

2 本文中「税理士／税理士法人」の文字は、税理士が提出する場合には下段の「税理士法人」を二重線等で抹消し、税理士法人が提出する場合には上段の「税理士」を二重線等で抹消してください。

3 以下に該当する場合は□にレ印を記載してください。
  (1) 「過年分に関する税務代理」欄
      「1 税務代理の対象に関する事項」の「税目」欄に記載した税目に関する調査の際には、「1 税務代理の対象に関する事項」の「年分等」欄に記載した年分等より前の年分等(以下「過年分」といいます。)についても税務代理を委任する場合。
      (注) 過年分の税務代理権限証書において、今回委任する代理人に委任している事項を除きます。
  (2) 「調査の通知に関する同意」欄
      今回委任する代理人に税務代理を委任した事項(過年分の税務代理権限証書において委任した事項を含みます。以下同じ。)に関する調査の際には、依頼者への調査の通知は、今回委任する代理人に対して行われることに同意する場合。
  (3) 「代理人が複数ある場合における代表する代理人の定め」欄
      今回委任する代理人に税務代理を委任した事項に関して代理人が複数あるときには、今回委任する代理人をその代表する代理人として定める場合。
      (注) 代表する代理人を定めた場合は、他の代理人に税務代理を委任した事項に関する調査の際には、当該他の代理人への調査の通知は、代表する代理人に対して行われます。

4 「依頼者」欄には、依頼者の氏名又は名称及び住所又は事務所の所在地を記載してください。
  なお、相続税の場合は、依頼者である相続人ごとに税務代理権限証書を作成することに留意してください。

5 「1 税務代理の対象に関する事項」欄には、税務代理を委任する税目にレ印を記載し、当該税目の区分に応じた年分等を記載してください。また、表記税目以外の税目について税務代理を委任する場合は、当該税目及び年分等を記載してください。
  (注) 1 相続税の場合は、「年分等」欄に、相続開始年月日を「○年○月○日相続開始」と記載してください。
      2 税務官公署の調査の際に、源泉徴収に係る所得税(復興特別所得税を含む)について税務代理を委任する場合も、当該税目にレ印を記載してください。

6 「2 その他の事項」欄には、税理士法第2条第1項第1号に規定する税務代理の対象から除く事項がある場合にその事項を記載してください。また、当該税務代理の範囲を特に限定する場合にはその旨を記載してください。

7 「※整理番号」及び「※事務処理欄」は記載しないでください。

第1節　再調査の請求書の提出

様式4-4 委任状（再調査の請求人用）

委任状（再調査の請求人用）

住所又は居所（事務所）
_____

電話_____ 郵便番号_____
氏名_____
（資格がある場合の資格_____）

上記の者を代理人と定め、下記事項に関する代理行為をする権限を委任します。

記

平成____年____月____日付の_____
についての再調査の請求に関する一切の行為

平成___年___月___日

再調査の請求人
住　所（納税地）　_____
氏名又は名称　_____㊞
法　人　番　号　_____

※整理欄　|番号確認|

※整理欄は、記載しないでください。

（不服78-1）

第4章 再調査の請求の手続

様式4-5 代理権消滅届出書（再調査の請求人用）

平成_____年_____月_____日

_____税務署長　殿

再調査の請求人
　　住　所（納税地）_____
　　氏名又は名称_____㊞
　　法　人　番　号_____

代理権消滅届出書（再調査の請求人用）

　　　　氏　名_____

下記の再調査の請求について、上記の者の代理権限が消滅したので、届けます。

記

平成_____年_____月_____日付でした_____
についての再調査の請求

※整理欄	番号確認

※整理欄は、記載しないでください。

（不服80－1）

(2) 総代を互選する場合

　共同再調査の請求人が総代[146]を互選した場合には、総代の権限を証する書面（「総代選任書」 様式4-6 ）を再調査の請求書に添付しなければならない（税通令31条の2、37条の2第1項前段・3項）。

　また、総代を解任したときは、共同再調査の請求人は、「総代解任届出書」 様式4-7 を再調査審理庁に提出しなければならない（税通令37条の2第2項・3項）。

注

145　「代理人」の権限等については、第3章第8節（108頁）参照。
146　「総代」の権限等については、第3章第9節（111頁）参照。

第4章　再調査の請求の手続

様式4-6　総代選任書

総代選任書

総	住所（納税地）		郵便番号	－
	氏名又は名称		電話番号	（　）
	住所（納税地）		郵便番号	－
	氏名又は名称		電話番号	（　）
代	住所（納税地）		郵便番号	－
	氏名又は名称		電話番号	（　）

　上記の者＿＿＿名を平成＿＿＿年＿＿＿月＿＿＿日付の＿＿＿＿＿＿＿＿＿＿＿＿

＿＿＿＿＿＿＿＿＿＿＿＿＿＿＿＿＿＿＿＿＿＿＿＿＿＿＿＿＿＿＿＿＿＿＿＿＿＿＿

についての再調査の請求について、下記再調査の請求人総員の互選に基づき総代と定めます。

　　　　　　　　　　　　　　　　　　　　　　平成＿＿＿年＿＿＿月＿＿＿日

　　　　　　　　　　　　　　　記

住所（納税地）	〒　－	
氏名又は名称		電話番号
		（　　）
法人番号	｜　｜　｜　｜　｜　｜　｜　｜　｜　｜　｜　｜　｜	

住所（納税地）	〒　－	
氏名又は名称		電話番号
		（　　）
法人番号	｜　｜　｜　｜　｜　｜　｜　｜　｜　｜　｜　｜　｜	

　※　欄が不足する場合は、「別紙（総代選任書用）」を作成の上、提出してください。

※整理欄	番号確認	番号確認

※整理欄は、記載しないでください。

(不服85)

第1節　再調査の請求書の提出

別紙（総代選任書用）

住所（納税地）	〒　−	
氏名又は名称		電話番号（　）
法　人　番　号		

住所（納税地）	〒　−	
氏名又は名称		電話番号（　）
法　人　番　号		

住所（納税地）	〒　−	
氏名又は名称		電話番号（　）
法　人　番　号		

住所（納税地）	〒　−	
氏名又は名称		電話番号（　）
法　人　番　号		

住所（納税地）	〒　−	
氏名又は名称		電話番号（　）
法　人　番　号		

住所（納税地）	〒　−	
氏名又は名称		電話番号（　）
法　人　番　号		

※整理欄	番号確認	番号確認	番号確認	番号確認	番号確認	番号確認

※整理欄は、記載しないでください。

(不服85)

第4章 再調査の請求の手続

様式4-7 総代解任届出書

平成_____年_____月_____日

_____税務署長　殿

再調査の請求人

住所（納税地）_____

氏名又は名称_____㊞

法人番号_____

住所（納税地）_____

氏名又は名称_____㊞

法人番号_____

※　欄が不足する場合は、「別紙（総代解任届出書用）」を作成の上、提出してください。

総代解任届出書

氏名_____

_____

_____

平成_____年_____月_____日付の_____

についての再調査の請求について選任した上記総代_____名を解任したので、届けます。

※整理欄	番号確認	番号確認

※整理欄は、記載しないでください。

(不服86)

別紙（総代解任届出書用）

再調査の請求人

　　住所（納税地）　_____

　　氏名又は名称　_____ ㊞

　　法 人 番 号　_____

　　住所（納税地）　_____

　　氏名又は名称　_____ ㊞

　　法 人 番 号　_____

　　住所（納税地）　_____

　　氏名又は名称　_____ ㊞

　　法 人 番 号　_____

　　住所（納税地）　_____

　　氏名又は名称　_____ ㊞

　　法 人 番 号　_____

　　住所（納税地）　_____

　　氏名又は名称　_____ ㊞

　　法 人 番 号　_____

　　住所（納税地）　_____

　　氏名又は名称　_____ ㊞

　　法 人 番 号　_____

※整理欄	番号確認	番号確認	番号確認	番号確認	番号確認	番号確認

※整理欄は、記載しないでください。

(不服 86)

第2節　記載内容の補正

1　形式審査

　再調査の請求書が提出されると、提出先の税務署長等（これを「再調査審理庁」という（税通81条3項括弧内））において、再調査の請求の要件を充たしているかどうかの審査が行われる。これを「形式審査」という。

2　補　　正

　形式審査によって、再調査の請求書になんらかの不備があると認められた場合には、再調査審理庁は、相当の期間[147]を定め、その期間内に当該不備を補正することを求めなければならない（税通81条3項本文）。これを「補正要求」という。

　補正要求は、再調査の請求が不適法なもので補正可能と認められる場合、例えば、再調査の請求書に必要な記載事項を欠いている場合（軽微な不備で再調査の請求の調査を行う上で支障のない場合を除く。）又は代理人を選任するとき若しくは総代を互選するときにおいて代理人若しくは総代の権限を証する書面の添付がない場合に、具体的に補正すべき事項を示した書面により行われる（審通（庁）81-6、81-8）。

　また、不備が軽微なものであれば再調査審理庁の職権による補正も可能である（税通81条3項ただし書、審通（庁）81-6（注））。

補　正　｛　再調査請求人による補正
　　　　　　職権による補正

　再調査請求人が、補正期間内に補正に応じないときは、内容につい

ての審理（これを「実質審理」という。）に入ることなく、決定により、その再調査の請求は却下される（税通83条1項）[148]。

注
[147] ここで「相当の期間」とは、不備を補正するのに通常要する期間をいい、その期間は、不備の程度などの事情に応じて定められる（審通（庁）81-5）。
[148] 本章第8節1⑴（172頁）参照。

第3節 参加人[149]

1 参加の申請

利害関係人が参加の申請をする場合、「再調査の請求参加許可申請書」様式4-8を提出することにより再調査審理庁の許可を得る必要がある（税通109条1項、税通令37条の2第1項前段）。

2 参加人の代理人

参加人の代理人の権限は、書面で証明しなければならない（税通37条の2第1項）。参加人の代理人の権限を証する書面は、代理人が税理士(税理士法人及び税理士業務を行う弁護士等を含む。以下同じ。)である場合には「税務代理権限証書」様式4-3（145頁）（税理士30条）を再調査審理庁に提出することとなる。代理人が税理士以外である場合には、「委任状（再調査の請求への参加人用）」様式4-9を用いる。

3 参加人の権限の消滅

参加人がその権限を失ったときは、再調査の請求人は、「代理権消滅届出書（再調査の請求への参加人用）」様式4-10を再調査審理庁に提出しなければならない（税通令37条の2第2項）。

注

149 「参加人」の意義については、第3章第10節（114頁）参照。

第3節　参 加 人

様式4-8 再調査の請求参加許可申請書

平成＿＿＿年＿＿＿月＿＿＿日

＿＿＿＿＿＿＿税務署長　殿

参加許可申請人
　住所（納税地）＿＿＿＿＿＿＿＿＿＿＿＿＿＿＿＿
　氏名又は名称＿＿＿＿＿＿＿＿＿＿＿＿＿＿＿㊞
　法 人 番 号＿＿＿＿＿＿＿＿＿＿＿＿＿＿＿＿
代理人
　住所又は居所＿＿＿＿＿＿＿＿＿＿＿＿＿＿＿＿
　氏　　　名＿＿＿＿＿＿＿＿＿＿＿＿＿＿＿㊞

再調査の請求参加許可申請書

下記の再調査の請求について、参加人として参加したいので、許可の申請をします。

参加する理由

＿＿＿＿＿＿＿＿＿＿＿＿＿＿＿＿＿＿＿＿＿＿＿＿＿＿＿＿＿＿＿＿＿＿＿
＿＿＿＿＿＿＿＿＿＿＿＿＿＿＿＿＿＿＿＿＿＿＿＿＿＿＿＿＿＿＿＿＿＿＿
＿＿＿＿＿＿＿＿＿＿＿＿＿＿＿＿＿＿＿＿＿＿＿＿＿＿＿＿＿＿＿＿＿＿＿

記

1　再調査の請求人

　　住所（納税地）＿＿＿＿＿＿＿＿＿＿＿＿＿＿＿＿＿＿＿

　　氏名又は名称＿＿＿＿＿＿＿＿＿＿＿＿＿＿＿＿＿＿＿＿

2　請求年月日　　平成＿＿＿年＿＿＿月＿＿＿日

3　再調査の請求に係る処分

　　平成＿＿＿年＿＿＿月＿＿＿日付の＿＿＿＿＿＿＿＿＿＿＿＿＿＿＿＿
＿＿＿＿＿＿＿＿＿＿＿＿＿＿＿＿＿＿＿＿＿＿＿＿＿＿＿＿＿＿＿処分

※整理欄　| 番号確認 |

※整理欄は、記載しないでください。

(不服87)

第4章 再調査の請求の手続

様式4-9 委任状（再調査の請求への参加人用）

委任状（再調査の請求への参加人用）

　　　　　　　　　　　住所又は居所（事務所）
　　　　　　　　　　　_____

　　　　　　　　　　　電話_____郵便番号_____
　　　　　　　　　　　氏名_____
　　　　　　　　　　　（資格がある場合の資格_____）

　上記の者を代理人と定め、下記の再調査の請求への参加に関する一切の行為をする権限を委任します。

　　　　　　　　　　　　　記

1　再調査の請求人

　　　住所（納税地）_____
　　　氏名又は名称_____

2　請求年月日　　平成_____年_____月_____日

3　再調査の請求に係る処分

　　平成_____年_____月_____日付の_____
　_____処分

　　　　　　　　　　　　　　　　　平成____年____月____日

　　　参加人（参加許可申請人）

　　　　　住所（納税地）_____
　　　　　氏名又は名称_____㊞
　　　　　法　人　番　号_____

※整理欄｜番号確認

※整理欄は、記載しないでください。　　　　　　　（不服78－2）

第3節 参加人

様式4−10 代理権消滅届出書(再調査の請求への参加人用)

平成＿＿＿年＿＿＿月＿＿＿日

＿＿＿＿＿＿税務署長　殿

　　　　　参加人
　　　　　　住所(納税地)＿＿＿＿＿＿＿＿＿＿＿＿＿＿
　　　　　　氏名又は名称＿＿＿＿＿＿＿＿＿＿＿＿㊞
　　　　　　法 人 番 号＿＿＿＿＿＿＿＿＿＿＿＿＿＿

代理権消滅届出書(再調査の請求への参加人用)

　　　　　　氏　名＿＿＿＿＿＿＿＿＿＿＿＿＿＿＿＿

下記の再調査の請求への参加について、上記の者の代理権限が消滅したので、届けます。

記

1　再調査の請求人
　　　住所(納税地)＿＿＿＿＿＿＿＿＿＿＿＿＿＿＿＿＿＿＿
　　　氏名又は名称＿＿＿＿＿＿＿＿＿＿＿＿＿＿＿＿＿＿＿
2　請求年月日　　平成＿＿＿＿年＿＿＿＿月＿＿＿＿日
3　再調査の請求に係る処分
　　　平成＿＿＿年＿＿＿月＿＿＿日付の＿＿＿＿＿＿＿＿＿＿
＿＿＿＿＿＿＿＿＿＿＿＿＿＿＿＿＿＿＿＿＿＿＿＿＿＿処分

※整理欄	番号確認

※整理欄は、記載しないでください。　　　　　　(不服80−2)

第4節　再調査の請求人の地位の承継[150]

1　地位承継の届出

相続又は合併等により再調査の請求人の地位の承継が生じた場合には、「再調査の請求人の地位承継届出書」様式4-11を再調査審理庁に提出しなければならない。

2　地位承継の許可申請

再調査の請求の目的である処分に係る権利を譲り受けた者が、再調査の請求人の地位を承継することの許可を申請する場合には、「再調査の請求人の地位承継許可申請書」様式4-12を再調査審理庁に提出する。この書面には、当該権利の譲渡人と譲受人が連署しなければならないこととされている（審通（庁）106-5）。

注
150　「不服申立人の地位の承継の意義」については、第3章第14節（129頁）参照。

第4節　再調査の請求人の地位の承継

様式4-11　再調査の請求人の地位承継届出書

平成　　　年　　　月　　　日

　　　　　　税務署長　殿

　　　　　　国税局長　殿

　　　　　　　　　　再調査の請求人の地位承継人

　　　　　　　　　　　住所（納税地）＿＿＿＿＿＿＿＿＿＿＿＿＿＿＿

　　　　　　　　　　　氏名又は名称　＿＿＿＿＿＿＿＿＿＿＿＿＿＿㊞

　　　　　　　　　　　個人番号又は法人番号　＿＿＿＿＿＿＿＿＿＿＿

再調査の請求人の地位承継届出書

　下記の再調査の請求について、再調査の請求人の地位を承継したので、届けます。

○　再調査の請求人の地位を承継する資格

　　　例1　死亡した再調査の請求人の相続人
　　　　2　再調査の請求人　合併後存続する／合併により設立した　法人
　　　　3　再調査の請求人である人格のない社団等の財産に属する権利義務を包括して承継した法人

○　添付書類（当該権利の承継又は合併の事実を証する書面）

＿＿＿＿＿＿＿＿＿＿＿＿＿＿＿＿＿＿＿＿＿＿＿＿＿＿＿＿＿＿＿＿＿＿＿

＿＿＿＿＿＿＿＿＿＿＿＿＿＿＿＿＿＿＿＿＿＿＿＿＿＿＿＿＿＿＿＿＿＿＿

記

1　再調査の請求人

　　住所（納税地）＿＿＿＿＿＿＿＿＿＿＿＿＿＿＿＿＿＿＿＿＿＿＿＿

　　氏名又は名称　＿＿＿＿＿＿＿＿＿＿＿＿＿＿＿＿＿＿＿＿＿＿＿＿

2　請求年月日　　平成　　　年　　　月　　　日

3　再調査の請求に係る処分

　　平成　　　年　　　月　　　日付の＿＿＿＿＿＿＿＿＿＿＿＿＿＿＿＿

＿＿＿＿＿＿＿＿＿＿＿＿＿＿＿＿＿＿＿＿＿＿＿＿＿＿＿＿＿＿＿＿処分

※整理欄	番号確認	身元確認	確認書類 個人番号カード ／ 通知カード・運転免許証　その他（　　　）
		□ 済 □ 未済	

※整理欄は、記載しないでください。

（不服 82）

第4章 再調査の請求の手続

様式4-12 再調査の請求人の地位承継許可申請書

平成＿＿＿年＿＿＿月＿＿＿日

＿＿＿＿＿＿税務署長　殿

＿＿＿＿＿＿国税局長　殿

再調査の請求人の地位承継許可申請人

　　住所（納税地）＿＿＿＿＿＿＿＿＿＿＿＿＿

　　氏名又は名称　＿＿＿＿＿＿＿＿＿＿＿＿㊞

　　個人番号又は法人番号　＿＿＿＿＿＿＿＿＿

再調査の請求人の地位承継許可申請書

下記の再調査の請求について、再調査の請求人の地位を承継したいので、許可の申請をします。

承継する理由

＿＿＿
＿＿＿
＿＿＿

記

再調査の請求

(1) 再調査の請求人

　　住所（納税地）＿＿＿＿＿＿＿＿＿＿＿＿＿＿＿＿＿

　　氏名又は名称　＿＿＿＿＿＿＿＿＿＿＿＿＿＿＿＿＿

(2) 請求年月日　平成＿＿＿年＿＿＿月＿＿＿日

(3) 再調査の請求に係る処分

上記の地位承継許可申請に異存ありません。

　　再調査の請求人

　　　　住所（納税地）＿＿＿＿＿＿＿＿＿＿＿＿＿

　　　　氏名又は名称　＿＿＿＿＿＿＿＿＿＿＿＿㊞

　　　　個人番号又は法人番号　＿＿＿＿＿＿＿＿＿

※整理欄	番号確認	身元確認	確認書類 個人番号カード／通知カード・運転免許証 その他（　）	番号確認	身元確認	確認書類 個人番号カード／通知カード・運転免許証 その他（　）
		□ 済 □ 未済			□ 済 □ 未済	

※整理欄は、記載しないでください。

(不服83)

第5節　取下げ[151]

　再調査の請求人は、再調査の請求についての決定があるまでは、いつでも、「再調査の請求取下書」様式4-13を提出することにより当該再調査の請求を取り下げることができる（税通110条1項）。

　また、再調査の請求についての決定を経ない審査請求（税通75条4項）[152]がされたときは、原則として、その決定を経ないで審査請求がされた再調査の請求は取り下げられたものとみなされる（同110条2項3号）。ただし、再調査審理庁においてその審査請求がされた日以前に再調査の請求に係る処分の全部を取り消す旨の再調査決定書の謄本を発している場合には、その審査請求（一部取消しの場合はその部分についての審査請求）は取り下げられたものとみなされる（同項1号・2号）。

注

151　「取下げ」の意義については、第3章第12節（123頁）参照。
152　「再調査の請求についての決定を経ない審査請求」については、第3章第3節（96頁）参照。

第4章 再調査の請求の手続

様式4-13 再調査の請求取下書

受付印

平成____年____月____日

_____税務署長　殿

再調査の請求取下書

再調査の請求人	住所（納税地）	（電話　　　　　）
	氏名又は名称	㊞
	代表者住所	（電話　　　　　）
	代表者氏名	㊞
	法人番号	

代理人	住　所	（電話　　　　　）
	氏　名	㊞

平成____年____月____日付でした_____

_____

についての再調査の請求は取り下げます。

※整理欄	整理簿	審理表	連絡せん	番号確認

※整理欄は、記載しないでください。

(不服32)

第6節　口頭意見陳述

1　口頭意見陳述の申立て

　再調査の請求人又は参加人は、「意見陳述の申立書」様式4-14・4-15を提出することにより口頭により意見を陳述する機会が与えられる（税通84条1項本文）。これを「口頭意見陳述」という。再調査審理庁は、必要に応じて、処分庁の職員に口頭意見陳述を聴かせることができる（同条4項）。

　ただし、申立人の所在その他の事情[153]により口頭意見陳述の機会を与えることが困難である場合には、口頭意見陳述が認められないこともある（税通84条1項ただし書）。このような口頭意見陳述の機会を与えることが困難である場合を除き、再調査審理庁は必ず申立人に口頭で意見を述べる機会を与えなければならないから、その機会を与えない又は申立人にとって意見陳述が不可能に等しい機会が与えられたことにより、その陳述が行われないままされた再調査決定は違法となる（審通（庁）84-5）。

2　口頭意見陳述の実施手続

　口頭意見陳述は、その期日及び場所が指定され、再調査の請求人及び参加人が招集されて行われる（税通84条2項）。日時及び場所が指定され申立人に意見を述べる機会が与えられたにもかかわらず、申立人がその機会に意見を述べないときは、再調査審理庁は意見陳述を待つまでもなく再調査決定をすることができる（審通（庁）84-5（注）1）。また、再調査審理庁が指定した期日に申立人が出頭した場合には、申立人以外の再調査の請求人又は参加人が出頭しなかったとしても、当該申立人に改めて口頭意見陳述の機会が与えられる必要はないものと

第4章 再調査の請求の手続

様式4-14 意見陳述の申立書（再調査の請求人用）

平成＿＿年＿＿月＿＿日

＿＿＿＿＿＿税務署長　殿

再調査の請求人
住所又は納税地　＿＿＿＿＿＿＿＿＿＿
氏名又は名称　　＿＿＿＿＿＿＿＿＿㊞
代表者氏名　　　＿＿＿＿＿＿＿＿＿㊞
法人番号　　　　＿＿＿＿＿＿＿＿＿＿

意見陳述の申立書（再調査の請求人用）

平成＿＿年＿＿月＿＿日付でした＿＿＿に対する再調査の請求について、口頭で意見を述べる機会を設けるよう申し立てます。

希望する日時

第1希望　平成＿＿年＿＿月＿＿日　　午前・午後
第2希望　平成＿＿年＿＿月＿＿日　　午前・午後
第3希望　平成＿＿年＿＿月＿＿日　　午前・午後
第4希望　平成＿＿年＿＿月＿＿日　　午前・午後
第5希望　平成＿＿年＿＿月＿＿日　　午前・午後

※整理欄　| 番号確認 |

※整理欄は、記載しないでください。

（不服7-1）

第6節 口頭意見陳述

様式4-15 意見陳述の申立書（再調査の請求の参加人用）

平成＿＿＿年＿＿＿月＿＿＿日

＿＿＿＿＿＿税務署長　殿

　　　　　　　　　参加人
　　　　　　　　　　住所又は納税地　＿＿＿＿＿＿＿＿＿＿＿
　　　　　　　　　　氏名又は名称　＿＿＿＿＿＿＿＿＿＿＿㊞
　　　　　　　　　　代表者氏名　＿＿＿＿＿＿＿＿＿＿＿＿㊞
　　　　　　　　　　法人番号　＿＿＿＿＿＿＿＿＿＿＿＿＿

意見陳述の申立書（再調査の請求への参加人用）

　再調査の請求人＿＿＿＿＿が平成＿＿年＿＿月＿＿日にした＿＿＿＿＿＿＿＿＿＿＿＿＿＿＿＿＿＿＿＿＿＿＿＿＿＿＿＿＿＿＿＿に対する再調査の請求について、口頭で意見を述べる機会を設けるよう申し立てます。

希望する日時
　　　　　第1希望　平成＿＿年＿＿月＿＿日　　午前・午後
　　　　　第2希望　平成＿＿年＿＿月＿＿日　　午前・午後
　　　　　第3希望　平成＿＿年＿＿月＿＿日　　午前・午後
　　　　　第4希望　平成＿＿年＿＿月＿＿日　　午前・午後
　　　　　第5希望　平成＿＿年＿＿月＿＿日　　午前・午後

※整理欄	番号確認

※整理欄は、記載しないでください。

（不服7-2）

3　補佐人の帯同

「補佐人」とは、申立人に付き添って口頭意見陳述の期日に出頭し、その陳述を補佐する者をいう（審通（庁）84-6）。

口頭意見陳述において、申立人は、「補佐人帯同許可申請書」様式4-16 を提出することにより再調査審理庁の許可を得て[154]、補佐人とともに出頭することができる（税通84条3項）。この補佐人の帯同は、申立人が十分に意見陳述を行うことができるよう専門的知識をもってその意見陳述を補佐させる趣旨の制度であるから、再調査審理庁は、この趣旨に従って許否を決定するものとされている（審通（庁）84-8）。また、再調査審理庁は、補佐人帯同許可を与えた場合であっても、必要に応じてその許可を取り消すことができる（同（注））。

なお、補佐人が税理士法に規定する税理士業務の制限規定に該当する行為をするおそれがある場合その他税理士法違反のおそれがある場合には、許可が与えられず又は既に与えた許可が取り消されることとなる（審通（庁）84-9）。

4　口頭意見陳述の制限等

事件に関係のない事項など相当でない場合[155]には、口頭意見陳述は制限される（税通84条5項）。

また、代理人によってされた意見陳述の効果は、申立人本人に帰属するものであるから、申立人本人が改めて口頭意見陳述の申立てをするときは、代理人によってされた意見陳述と重複しない限度でこれを行うことができる（審通（庁）84-9（注））。

第6節　口頭意見陳述

様式4-16　補佐人帯同許可申請書

平成＿＿＿年＿＿＿月＿＿＿日

＿＿＿＿＿＿税務署長　殿

補佐人帯同許可申請人　[再調査の請求人／参　加　人]

住所（納税地）＿＿＿＿＿＿＿＿＿＿＿＿＿＿＿＿

氏名又は名称＿＿＿＿＿＿＿＿＿＿＿＿＿＿＿㊞

法人番号＿＿＿＿＿＿＿＿＿＿＿＿＿＿＿＿＿

補佐人帯同許可申請書

下記の再調査の請求について、次により補佐人を帯同したいので、許可の申請をします。

○　補佐人とする者

　　住　　所　＿＿＿＿＿＿＿＿＿＿＿＿＿＿＿＿＿＿＿＿

　　氏　　名　＿＿＿＿＿＿＿＿＿＿＿＿＿＿（　　　歳）

　　職　　業　＿＿＿＿＿＿＿＿＿＿＿＿＿＿＿＿＿＿＿＿

　　申請人との関係　＿＿＿＿＿＿＿＿＿＿＿＿＿＿＿＿

○　補佐人を帯同する意見陳述の日時

　　　平成＿＿＿年＿＿＿月＿＿＿日　午前／午後　＿＿＿時

○　補佐人を帯同する理由

＿＿＿＿＿＿＿＿＿＿＿＿＿＿＿＿＿＿＿＿＿＿＿＿＿＿＿＿＿
＿＿＿＿＿＿＿＿＿＿＿＿＿＿＿＿＿＿＿＿＿＿＿＿＿＿＿＿＿
＿＿＿＿＿＿＿＿＿＿＿＿＿＿＿＿＿＿＿＿＿＿＿＿＿＿＿＿＿

記

1　再調査の請求人

　　　住所（納税地）＿＿＿＿＿＿＿＿＿＿＿＿＿＿＿＿＿

　　　氏名又は名称　＿＿＿＿＿＿＿＿＿＿＿＿＿＿＿＿＿

2　請求年月日　平成＿＿＿年＿＿＿月＿＿＿日

3　再調査の請求に係る処分

　　　平成＿＿＿年＿＿＿月＿＿＿日付の＿＿＿＿＿＿＿＿＿＿
　　　＿＿＿＿＿＿＿＿＿＿＿＿＿＿＿＿＿＿＿＿＿＿＿処分

※整理欄　[番号確認]

※整理欄は、記載しないでください。

(不服81)

第4章　再調査の請求の手続

注

153　この事情には、例えば、申立人が矯正施設に収容されていて相当の期間出所の見込みがないなど、申立人が再調査審理庁の指定した期日及び場所に出頭して口頭で意見を述べることが困難であると認められる事情が該当する（審通（庁）84–4）。

154　この補佐人帯同の申請があったときは、再調査審理庁は速やかにその許否を決定するものとされている（審通（庁）84–7）。

155　ここで「相当でない場合」には、例えば、申立人の行う意見陳述が既にされた陳述の繰り返しにすぎない場合その他その発言が口頭意見陳述の趣旨、目的に沿わないと認められる場合が該当する（審通（庁）84–10）。

第7節　証拠書類等の提出と返還

1　証拠書類等の提出

　再調査の請求人又は参加人は、証拠書類又は証拠物（以下「証拠書類等」という。）を提出することができる（税通84条6項）。ここで、「証拠」とは、自らの主張を根拠付ける事実が存在することを明らかにするものをいう。例えば、契約書、帳簿等の文書については、その記載されている内容が証拠となり、その文書の物理的な形状や筆跡・印影も証拠となることがある[156]。

　証拠書類等を提出する場合、併せて立証趣旨を明らかにするために「証拠説明書」[157]を提出することが有効である。

　また、この証拠書類等の提出期限が設けられることもある（税通84条6項後段）。「証拠書類等の提出期限」とは、証拠書類又は証拠物を提出するのに通常要する期間をいい、その期間は、証拠書類又は証拠物の量や、入手の難易などの事情に応じて定められる（審通（庁）84-11）。

2　証拠書類等の返還

　再調査審理庁は、提出された証拠書類等を、再調査決定後速やかに返還しなければならない（税通84条12項）。

注

156　審判所QA17頁。
157　様式は、第5章第9節の 様式5-16 （229頁）参照。

第8節　再調査決定

1　再調査決定の態様

再調査の請求の審理の結論を「再調査決定」という。再調査決定には、次の3種類がある。

(1)　却　　下

再調査の請求が法定の不服申立期間経過後にされたとき、その他形式要件を欠く不適法なものであるときには、再調査審理庁は、決定により、当該再調査の請求を却下する（税通83条1項）。「却下」とは、再調査の請求が権利保護の要件を欠くことにより不適法なものとして当該再調査の請求に理由があるかどうかの判断を拒否する決定をいい、却下の決定は、例えば、次のいずれかに当たるときに行われる（審通（庁）83-1）。

① 再調査の請求の対象となった処分が再調査の請求をすることができないものであるとき。

② 再調査の請求の対象となった処分が存在しないとき（当該処分が初めから存在しないときのほか、再調査の請求についての決定までに当該処分が消滅したときを含む。）。

③ 再調査の請求の対象となった処分が再調査の請求人の権利又は法律上の利益を侵害するものでないとき。

④ 再調査の請求の対象となった処分について、既に国税不服審判所長の裁決又は再調査審理庁の決定がされているとき。

⑤　再調査の請求が再調査審理庁でない行政機関にされたとき（この場合、当該行政機関は、不服申立期間内であれば、これを本来の再調査審理庁等へ提出するよう指導する。）。

⑥　再調査の請求が法定の再調査の請求期間経過後にされたとき（正当な理由がある場合の例外（税通77条1項ただし書）の適用があるとき[158]を除く。）。

⑦　再調査審理庁が相当の期間を定めて補正要求を行った場合において、当該期間内に補正されなかったとき（代理人による不服申立てとしては不適法であるが、不服申立人本人の不服申立てとしてみれば適法なもの又は補正可能なものを除く。）。

本章第2節（154頁）で述べたように、補正期間内に補正しないとき又は不適法であって補正することができないことが明らかなときは、実質審理に入ることなく、決定により、その再調査の請求は却下される（税通81条5項）。ここで、「不適法であって補正することができないことが明らかなとき」とは、例えば、再調査の請求期間を徒過し、そのことについての正当な理由が認められないことが明らかな場合や国税通則法75条1項の「処分……に不服がある者」に該当しないことが明らかな場合をいう（審通（庁）81-10）。

(2) 棄　却

再調査の請求に理由がなく、原処分が相当であると認められるときには、再調査審理庁は、決定により、当該再調査の請求を棄却する（税通83条2項）。

(3) 認容（取消し又は変更）

再調査の請求について理由があるときには、再調査審理庁は、決定で、原処分の全部若しくは一部を取り消し、又はこれを変更する（税通83条3項本文）。これらを合わせて「認容」という。ただし、認容により

再調査の請求人の不利益に変更されることはない(同項ただし書)。

　この「変更」には、国税に関する法律に基づく処分のうち、例えば、次に掲げる処分についての異動がこれに該当する(審通(庁)83-3)。

① 　耐用年数の短縮に関する処分(所税令130条3項・4項、法税令57条3項・4項)
② 　特定船舶に係る特別修繕準備金に関する処分(租特令13条6項・7項、33条の6第10項・11項、39条の85第10項・11項)
③ 　相続税額及び贈与税額の延納条件に関する処分(相税39条2項・29項・32項)
④ 　納税の猶予に関する処分(税通46条、49条)

　国税の課税標準等又は税額等に係る処分に対する再調査の請求については、例えば、課税標準に誤りがない場合であっても、納付すべき税額が減少することとなるとき、又は還付金の額に相当する税額若しくは純損失等の金額が増加することとなるときは、処分の全部又は一部を取り消す決定がなされる(審通(庁)83-2(1))。

　また、処分に対する再調査の請求について、再調査審理庁が再調査の請求の理由として記載されていない事項について調査した事績を加味した結果、当該処分が正当であると認められるときは、当該再調査の請求を棄却する決定がなされ、当該処分が違法又は不当であると認められるときは、処分の全部又は一部を取り消す決定がなされる(審通(庁)83-2(2))。

2　再調査決定書

　再調査決定は、主文及び理由を記載し、再調査審理庁が記名押印した「再調査決定書」によりなされる(税通84条7項)。再調査決定書に記載される理由は、原処分の一部又は全部を維持する場合には、その維持される処分を正当とする理由が明らかにされていなければならないが(税通84条8項)、この再調査決定書に決定の理由が記載される趣旨は、再調査審理庁の判断の慎重、公正を保障するとともに、再

調査の請求人のじ後の争訟の便宜を図ることにある。したがって、再調査決定書の理由については、この趣旨に従って判断の根拠が具体的に記載されるが、理由の記載は主として次のようになされなければならない（審通（庁）84-12）。

① 再調査の請求人の主張に理由がないときは、当該主張に対応して維持する処分を正当とする理由が記載される。
② 再調査の請求人の主張には理由があるが他の理由により処分が維持される場合には、維持する処分を正当とする理由が記載される。
③ 再調査の請求人が争っていない事項がある場合においても、その事項に対応して処分を正当とする理由が記載される。
④ ①及び③の場合において、既に原処分の理由が書面により再調査の請求人に通知されており、かつ、その理由の記載が十分であるときは、それと同一の理由で原処分が維持される部分については、当該理由を引用することができる。

再調査決定は、再調査の請求人に再調査決定書の謄本が送達された時に、その効力を生じる（税通84条10項）。再調査の請求人に対する再調査決定書の謄本の送達は、当該再調査の請求が代理人によってされているときにおいても、原則としては、本人に対して行われるが、再調査の請求人から再調査決定書の謄本の送達先を代理人とする旨の書面の提出があった場合には、原則として当該代理人に対して送達される（審通（庁）84-18）。再調査決定書は、参加人にも謄本が送付される（税通84条11項）。

また、再調査決定書には、原処分の全部を取り消す場合を除き、国税不服審判所長に対して審査請求をすることができる旨（却下の決定については、当該却下の決定が違法な場合に限り審査請求ができる旨）及び審査請求期間の教示が記載されていなければならない（税通84条9項）。

注

158 正当な理由がある場合の救済措置については、第3章第6節3（105頁）参照。

第5章

審査請求の手続

第5章　審査請求の手続

　本章で解説する国税不服審判所における一般的な審理手続の流れ【図表5-1】をまず示しておく。

【図表5-1】国税不服審判所おける一般的な審理の流れ

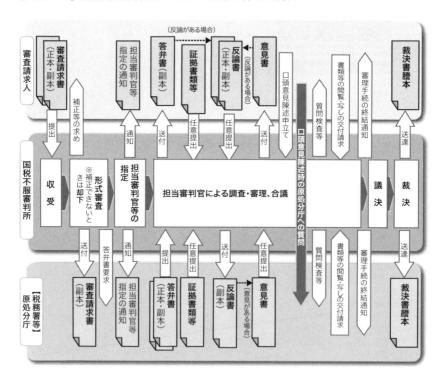

（出典）国税不服審判所資料を基に著者作成

第1節　審査請求書の提出

1　記載事項

　審査請求は、次に掲げる事項を記載した原則として正副各1通の「審査請求書」様式5-1 を原処分庁の管轄区域を管轄（又は分掌）する国税不服審判所の支部（又は支所）に提出して行わなければならない[159]（税通87条1項、税通令32条2項）。

① 　審査請求に係る処分の内容
② 　審査請求に係る処分があったことを知った年月日（当該処分に係る通知を受けた場合にはその通知を受けた年月日とし、再調査の請求についての決定を経た後の処分について審査請求をする場合には再調査決定書の謄本の送達を受けた年月日）
③ 　審査請求の趣旨及び理由（※）
④ 　審査請求の年月日
（※）審査請求人は、審査請求書に趣旨及び理由を計数的に説明する資料を添付するよう努めなければならない（税通令32条1項）。

　また、審査請求は、原処分庁を経由して行うこともできる（税通88条1項前段）。原処分庁を経由して審査請求書を提出する場合には、審査請求人は原処分をした税務署長等に審査請求書を提出することになる（同項後段）。

2　審査請求書の添付書面等

(1)　代理人に委任する場合

　審査請求書の正本には、審査請求人が代理人[160]によって審査請求をする場合には代理人の権限を証する書面を添付しなければならない（税通令32条3項、37条の2第1項前段）。

第5章 審査請求の手続

様式5-1 審査請求書（書き方付き）

審査請求書（初葉）

（注）必ず次葉とともに、**正副2通**を所轄の国税不服審判所に提出してください。

※ 審判所整理欄	通信日付	確認印	整理簿記入	本人確認	番号確認 / 身元確認 / 身元確認（代理人）
	本人確認書類		個人番号カード／通知カード ・ 運転免許証 その他（ ）		

国税不服審判所長　殿　　① 審査請求年月日　　平成　　年　　月　　日

審査請求人

② 住所・所在地（納税地）　〒　　－　　　電話番号（ ）
③ （ふりがな）氏名・名称　　　　㊞
④ 個人番号又は法人番号

⑤ 総代又は法人の代表者
　住所・所在地
　（ふりがな）氏名・名称　　㊞　電話番号（ ）
　総代が互選されている場合は、総代の選任届出書を必ず添付してください。

代理人

⑥ 住所・所在地　　電話番号（ ）
　（ふりがな）氏名・名称　㊞
　委任状（代理人の選任届出書）を必ず添付してください。

審査請求に係る処分（原処分）

⑦ 原処分庁　（　　　）税務署長・（　　　）国税局長・その他（　　　）
⑧ 処分日等
　原処分（下記⑨）の通知書に記載された年月日　平成　年　月　日
　原処分（下記⑨）の通知を受けた年月日　平成　年　月　日
　更正・決定・加算税の賦課決定などの処分に係る日付であり、再調査の決定に係る日付とは異なりますから御注意ください。

⑨ 処分名等（該当する番号を○で囲み、対象年分等は該当処分名ごとに記入してください。）

税目等	処分名	対象年分等
1 申告所得税（復興特別所得税がある場合には、これを含む。）	1 更正（更正の請求に対する更正を含む。） 2 決定	
2 法人税（復興特別法人税又は地方法人税がある場合には、これを含む。）	3 青色申告の承認の取消し 4 更正の請求に対する更正すべき理由がない旨の通知	
3 消費税・地方消費税	5 加算税の賦課決定　a 過少申告加算税　b 無申告加算税　c 重加算税	
4 相続税		
5 贈与税	6 その他［　　　　　　　　　　　　　　　］	
6 源泉所得税（復興特別所得税がある場合には、これを含む。）	1 納税の告知 2 加算税の賦課決定（a 不納付加算税、b 重加算税）	
7 滞納処分等	1 督促［督促に係る国税の税目：　　　　　　　　　　　　　　　　］	
	2 差押え［差押えの対象となった財産：　　　　　　　　　　　　　］	
	3 公売等［a 公売公告、b 最高価申込者の決定、c 売却決定、d 配当、e その他（　　）］	
	4 相続税の延納又は物納［a 延納の許可の取消し、b 物納の申請の却下、c その他（　　）］	
	5 還付金等の充当	
	6 その他［　　　　　　　　　　　　　　　　　　　　　　　　　］	
8 その他［　　　］		

⑩ 再調査の請求をした場合
　再調査の請求年月日：平成　　年　　月　　日付
　◎ 該当する番号を○で囲んでください。
　1 再調査の決定あり　……　再調査決定書の謄本の送達を受けた年月日：平成　　年　　月　　日
　2 再調査の決定なし

※「審判所整理欄」には記入しないでください。

1号様式（初葉）

第1節　審査請求書の提出

審査請求書（次葉）

正本

審査請求人（氏名・名称）　_____

⑪ 審査請求の趣旨

◎ 原処分（再調査の決定を経ている場合にあっては、当該決定後の処分）の取消し又は変更を求める範囲等について、該当する番号を○で囲んでください。
　なお、次の番号2の「一部取消し」又は3の「その他」を求める場合には、その範囲等を記載してください。
　1　全部取消し　………　初葉記載の原処分の全部の取消しを求める。
　2　一部取消し　………　初葉記載の原処分のうち、次の部分の取消しを求める。
　3　その他　……………　[　　　　　　　　　　　　　　　　　　　　　　　　　]
〔一部取消しを求める範囲〕

⑫ 審査請求の理由

◎ 取消し等を求める理由をできるだけ具体的に、かつ、明確に記載してください。

⑬ 正当な理由がある場合

◎ 下記の場合には、原則として審査請求をすることができませんが、「正当な理由」がある場合には審査請求をすることができます。下記に該当する審査請求をされる場合には、「正当な理由」について具体的に記載してください。
　・再調査の請求をした日の翌日から起算して3月を経過していない。
　・原処分があったことを知った日（原処分に係る通知書の送達を受けた場合には、その受けた日）の翌日から起算して3月を経過している。
　・再調査決定書の謄本の送達があった日の翌日から起算して1月を経過している。
　・原処分に係る通知書の送達を受けた場合を除き、原処分があった日の翌日から起算して1年を経過している。
〔正当な理由〕

⑭ 添付書類

◎ 添付する書類の番号を○で囲んでください。
　1　委任状（代理人の選任届出書）又は税務代理権限証書
　2　総代の選任届出書
　3　審査請求の趣旨及び理由を箇条的に説明する資料
　4　原処分の通知書の写し
　5　再調査決定書の謄本の写し（再調査の決定がある場合）
　6　個人番号確認書類
　7　身元確認書類
　8　書類の送達先を代理人とする申出書
　9　その他

○　審査請求書の記載に当たっては、別紙「審査請求書の書き方」を参照してください。
○　この用紙に記載しきれないときは、適宜の用紙に記載して添付してください。

1号様式（次葉）

第5章 審査請求の手続

審査請求書（初葉）

副本

収受日付印

（注）必ず次葉とともに、**正副2通**を所轄の国税不服審判所に提出してください。

※審判所整理欄： 通信日付　確認印　整理簿記入　本人確認　番号確認　身元確認　身元確認（代理人）
本人確認書類： 個人番号カード／通知カード・運転免許証　その他

国税不服審判所長　殿

① 審査請求年月日　　平成　　年　　月　　日

審査請求人

② 住所・所在地（納税地）　〒　－　　電話番号（　）

③ （ふりがな）（　）　氏名・名称　　㊞

④ 個人番号又は法人番号

⑤ 総代又は法人の代表者
　住所・所在地　〒　－　　電話番号（　）
　（ふりがな）（　）　氏名・名称　㊞

総代が互選されている場合は、総代の選任届出書を必ず添付してください。

代理人

⑥ 住所・所在地　〒　－　　電話番号（　）
　（ふりがな）（　）　氏名・名称　㊞

委任状（代理人の選任届出書）を必ず添付してください。

⑦ 原処分庁　（　）税務署長・（　）国税局長・その他（　）

⑧ 処分日等
　原処分（下記⑨）の通知書に記載された年月日　平成　年　月　日付
　原処分（下記⑨）の通知を受けた年月日　平成　年　月　日

更正・決定・加算税の賦課決定などの処分に係る日付であり、再調査の決定に係る日付とは異なりますから御注意ください。

審査請求に係る処分（原処分）

⑨ 処分名等（該当する番号を○で囲み、対象年分等は該当処分名ごとに記入してください。）

税目等	処分名	対象年分等
1 申告所得税（復興特別所得税がある場合には、これを含む。）	1 更正（更正の請求に対する更正を含む。）	
	2 決定	
2 法人税（復興特別法人税又は地方法人税がある場合には、これを含む。）	3 青色申告の承認の取消し	
	4 更正の請求に対する更正すべき理由がない旨の通知	
3 消費税・地方消費税	5 加算税の賦課決定　a 過少申告加算税　b 無申告加算税　c 重加算税	
4 相続税		
5 贈与税	6 その他［　　　］	
6 源泉所得税（復興特別所得税がある場合には、これを含む。）	1 納税の告知	
	2 加算税の賦課決定（a 不納付加算税、b 重加算税）	
7 滞納処分等	1 督促［督促に係る国税の税目：　　］	
	2 差押え［差押えの対象となった財産：　　］	
	3 公売等［a 公売公告、b 最高価申込者の決定、c 売却決定、d 配当、e その他（　）］	
	4 相続税の延納又は物納［a 延納の許可の取消し、b 物納の申請の却下、c その他（　）］	
	5 還付金等の充当	
	6 その他［　　　］	
8 その他［　　　］		

⑩ 再調査の請求をした場合
　再調査の請求年月日：平成　年　月　日付
　◎ 該当する番号を○で囲んでください。
　1 再調査の決定あり　………　再調査決定書の謄本の送達を受けた年月日：平成　年　月　日
　2 再調査の決定なし

※「審判所整理欄」には記入しないでください。

1号様式（初葉）

第1節　審査請求書の提出

審査請求書（次葉）

副本

審査請求人（氏名・名称）

⑪ 審査請求の趣旨

◎ 原処分（再調査の決定を経ている場合にあっては、当該決定後の処分）の取消し又は変更を求める範囲等について、該当する番号を○で囲んでください。
なお、次の番号2の「一部取消し」又は3の「その他」を求める場合には、その範囲等を記載してください。
1　全部取消し ……… 初葉記載の原処分の全部の取消しを求める。
2　一部取消し ……… 初葉記載の原処分のうち、次の部分の取消しを求める。
3　その他 …………… [　　　　　　　　　　　　　　　　　　　　　　　　　]
［一部取消しを求める範囲］

⑫ 審査請求の理由

◎ 取消し等を求める理由をできるだけ具体的に、かつ、明確に記載してください。

⑬ 正当な理由がある場合

◎ 下記の場合には、原則として審査請求をすることができませんが、「正当な理由」がある場合には審査請求をすることができます。下記に該当する審査請求をされる場合には、「正当な理由」について具体的に記載してください。
・再調査の請求をした日の翌日から起算して3月を経過していない。
・原処分があったことを知った日（原処分に係る通知書の送達を受けた場合には、その受けた日）の翌日から起算して3月を経過している。
・再調査決定書の謄本の送達があった日の翌日から起算して1月を経過している。
・原処分に係る通知書の送達を受けた場合を除き、原処分があった日の翌日から起算して1年を経過している。
［正当な理由］

⑭ 添付書類

◎ 添付する書類の番号を○で囲んでください。
1　委任状（代理人の選任届出書）又は税務代理権限証書
2　総代の選任届出書
3　審査請求の趣旨及び理由を補足的に説明する資料
4　原処分の通知書の写し
5　再調査決定書の謄本の写し（再調査の決定がある場合）
6　個人番号確認書類
7　身元確認書類
8　書類の送達を代理人とする申出書
9　その他

○　審査請求書の記載に当たっては、別紙「審査請求書の書き方」を参照してください。
○　この用紙に記載しきれないときは、適宜の用紙に記載して添付してください。

1号様式（次葉）

183

第5章 審査請求の手続

審査請求書（初葉）

控	収受日付印	（注）必ず次葉とともに、**正副2通**を所轄の国税不服審判所に提出してください。	※審判所整理欄	通信日付	確認印	整理簿記入	本人確認	番号確認	身元確認	身元確認（代理人）
				本人確認書類	個人番号カード／通知カード・運転免許証　その他					

国税不服審判所長　殿　　　① 審査請求年月日　　平成　　年　　月　　日

審査請求人

② 住所・所在地（納税地）　〒　　　　電話番号（　　）

③ （ふりがな）　氏名・名称　　　　　㊞

④ 個人番号又は法人番号　□□□□-□□□□-□□□□

総代又は法人の代表者

⑤ 住所・所在地　〒　　　電話番号（　　）

（ふりがな）　氏名・名称　　㊞

※総代が互選されている場合は、総代の選任届出書を必ず添付してください。

⑥ 代理人

住所・所在地　〒　　　電話番号（　　）

（ふりがな）　氏名・名称　　㊞

※委任状（代理人の選任届出書）を必ず添付してください。

審査請求に係る処分（原処分）

⑦ 原処分庁　（　　　）税務署長・（　　　）国税局長・その他（　　　）

⑧ 処分日等
- 原処分（下記⑨）の通知書に記載された年月日：平成　年　月　日
- 原処分（下記⑨）の通知を受けた年月日：平成　年　月　日

※更正・決定・加算税の賦課決定などの処分に係る日付であり、再調査の決定に係る日付とは異なりますから御注意ください。

⑨ 処分名等（該当する番号を○で囲み、対象年分等は該当処分名ごとに記入してください。）

税目等	処分名	対象年分等
1 申告所得税（復興特別所得税がある場合には、これを含む。）	1 更正（更正の請求に対する更正を含む。） 2 決定	
2 法人税（復興特別法人税又は地方法人税がある場合には、これを含む。）	3 青色申告の承認の取消し 4 更正の請求に対する更正すべき理由がない旨の通知	
3 消費税・地方消費税	5 加算税の賦課決定 〔 a 過少申告加算税　b 無申告加算税　c 重加算税 〕	
4 相続税	6 その他	
5 贈与税		
6 源泉所得税（復興特別所得税がある場合には、これを含む。）	1 納税の告知 2 加算税の賦課決定（a 不納付加算税、b 重加算税）	
7 滞納処分等	1 督促〔督促に係る国税の税目：　　　　〕 2 差押え〔差押えの対象となった財産：　　　　〕 3 公売等〔a 公売公告、b 最高価申込者の決定、c 売却決定、d 配当、e その他（　　　）〕 4 相続税の延納又は物納〔a 延納の許可の取消し、b 物納の申請の却下、c その他（　　　）〕 5 還付金等の充当 6 その他	
8 その他〔　　　〕		

⑩ 再調査の請求をした場合
- 再調査の請求年月日：平成　　年　　月　　日付
- ◎ 該当する番号を○で囲んでください。
  1 再調査決定あり　……………　再調査決定書の謄本の送達を受けた年月日：平成　年　月　日
  2 再調査の決定なし

※「審判所整理欄」には記入しないでください。

1号様式（初葉）

第1節　審査請求書の提出

控

審査請求書（次葉）

審査請求人（氏名・名称）

⑪ 審査請求の趣旨

◎ 原処分（再調査の決定を経ている場合にあっては、当該決定後の処分）の取消し又は変更を求める範囲等について、該当する番号を○で囲んでください。
　なお、次の番号2の「一部取消し」又は3の「その他」を求める場合には、その範囲等を記載してください。
　1　全部取消し ……… 初葉記載の原処分の全部の取消しを求める。
　2　一部取消し ……… 初葉記載の原処分のうち、次の部分の取消しを求める。
　3　その他 ………… [　　　　　　　　　　　　　　　　　　　　　　　　]
〔一部取消しを求める範囲〕

⑫ 審査請求の理由

◎ 取消し等を求める理由をできるだけ具体的に、かつ、明確に記載してください。

⑬ 正当な理由がある場合

◎ 下記の場合には、原則として審査請求をすることができませんが、「正当な理由」がある場合には審査請求をすることができます。下記に該当する審査請求をされる場合には、「正当な理由」について具体的に記載してください。
・再調査の請求をした日の翌日から起算して3月を経過していない。
・原処分があったことを知った日（原処分に係る通知書の送達を受けた場合には、その受けた日）の翌日から起算して3月を経過している。
・再調査決定書の謄本の送達があった日の翌日から起算して1月を経過している。
・原処分に係る通知書の送達を受けた場合を除き、原処分があった日の翌日から起算して1年を経過している。
〔正当な理由〕

⑭ 添付書類

◎ 添付する書類の番号を○で囲んでください。
1　委任状（代理人の選任届出書）又は税務代理権限証書
2　総代の選任届出書
3　審査請求の趣旨及び理由を箇条的に説明する資料
4　原処分の通知書の写し
5　再調査決定書の謄本の写し（再調査の決定がある場合）
6　個人番号確認書類
7　身元確認書類
8　書類の送達先を代理人とする申出書
9　その他

○ 審査請求書の記載に当たっては、別紙「審査請求書の書き方」を参照してください。
○ この用紙に記載しきれないときは、適宜の用紙に記載して添付してください。

1号様式（次葉）

第5章 審査請求の手続

審査請求書（初葉）

(注) 必ず次葉とともに、**正副2通**を所轄の国税不服審判所に提出してください。

※ 審判所 整理欄	通信日付	確認印	整理簿記入	本人確認	番号確認	身元確認	身元確認（代理人）
	本人確認書類	個人番号カード／通知カード・運転免許証 その他（ ）					

審査請求人	① 国税不服審判所長　殿		請求年月日　平成　〇〇年〇〇月〇〇日
	② 住所・所在地（納税地）	〒100－0013 東京都千代田区霞ヶ関3丁目1番1号	電話番号　〇〇（〇〇〇〇）〇〇〇〇
	③ （ふりがな）氏名・名称	しんばんしょうじ かぶしきかいしゃ 審判商事株式会社　㊞	④ 個人番号又は法人番号　0 0 0 0 0 0 0 0 0 0 0 0 0
	⑤ 総代又は法人の代表者　住所・所在地	〒102－0074 東京都千代田区九段南1丁目1番15号	電話番号　〇〇（〇〇〇〇）〇〇〇〇
	（ふりがな）氏名・名称	しんばん たろう 審判 太郎　㊞	総代が互選されている場合は総代選任届出書を必ず添付してください。
代理人	⑥ 住所・所在地	〒 －	電話番号　　（　　）
	（ふりがな）氏名・名称	（　　）　㊞	委任状（代理人の選任届出書）を必ず添付してください。

	⑦ 原処分庁	（　麹町　）税務署長・（　　）国税局長・その他（　　）	
	⑧ 処分日等	原処分（下記⑨）の通知書に記載された年月日　平成　〇〇年〇〇月〇〇日	更正・決定・加算税の賦課決定などの処分に係る日付であり、再調査の決定に係る日付とは異なりますからご注意ください。
		原処分（下記⑨）の通知を受けた年月日　平成　〇〇年〇〇月〇〇日	

審査請求に係る処分（原処分）

⑨ 処分名等（該当する番号を○で囲み、対象年分等は該当処分名ごとに記入してください。）

税目等	処分名	対象年分等
1 申告所得税（復興特別所得税がある場合には、これを含む。）	①更正（更正の請求に対する更正を含む。）	平〇.4.1～〇.3.31事業年分
	2 決定	平△.4.1～〇.3.31事業年分
② 法人税（復興特別法人税又は地方法人税がある場合には、これを含む。）	3 青色申告の承認の取消し	平〇.4.1～〇.3.31課税期間分
	4 更正の請求に対する更正をすべき理由がない旨の通知	平△.4.1～〇.3.31課税期間分
③ 消費税・地方消費税	⑤加算税の賦課決定　a 過少申告加算税　b 無申告加算税　c 重加算税	
4 相続税		
5 贈与税	6 その他	
6 源泉所得税（復興特別所得税がある場合には、これを含む。）	1 納税の告知	
	2 加算税の賦課決定（a 不納付加算税、b 重加算税）	
7 滞納処分等	1 督促（督促に係る国税の税目：　　　）	
	2 差押え（差押えの対象となった財産：　　　）	
	3 公売等（a 公売公告、b 最高価申込者の決定、c 売却決定、d 配当、e その他（　　））	
	4 相続税の延納又は物納（a 延納の許可の取消、b 物納の申請の却下、c その他（　　））	
	5 還付金等の充当	
	6 その他（　　）	
8 その他（　　）		

⑩ 再調査の請求をした場合

再調査の請求年月日：平成　年　月　日付

該当する番号を○で囲んでください。
① 再調査の決定あり　………　再調査決定書謄本の送達を受けた年月日：平成　〇〇年〇〇月〇〇日
2 再調査の決定なし

※「審判所整理欄」には記入しないでください。

付表1号様式（初葉）

第1節　審査請求書の提出

審査請求書の書き方

国税不服審判所
ホームページ http://www.kfs.go.jp

この「書き方」は、審査請求書の様式に従って説明してありますので、記載例と併せてお読みください。
審査請求書の記載例は、審判商事株式会社が麹町税務署長から以下のような更正等を受けたことに対して、再調査の請求を経て審査請求に及んだ場合を例として掲げています。
（更正等の内容）
① 平成〇年4月1日～平成△年3月31日及び平成△年4月1日～平成□年3月31日事業年度の法人税の更正処分
② 平成△年4月1日～平成□年3月31日事業年度の復興特別法人税の更正処分
③ ①及び②に係る過少申告加算税の賦課決定分
④ 平成〇年4月1日～平成△年3月31日及び平成△年4月1日～平成□年3月31日課税期間の消費税の更正処分
⑤ ④に係る過少申告加算税の賦課決定処分
※ 御不明な点がございましたら、各国税不服審判所にお問い合わせください。

① 請求年月日
　　審査請求書の提出年月日を記載してください。

② 住所・所在地（納税地）
　　審査請求をしようとする方の住所（法人の場合は、所在地）又は居所を記載してください。住所（所在地）又は居所と納税地が異なる場合は、上段に住所（所在地）又は居所を、下段に納税地を括弧書きで記載してください。

③ 氏名・名称
④ 個人番号又は法人番号
⑤ 総代又は法人の代表者
　　・個人の場合には、③欄に氏名を記載し、押印してください。
　　・法人の場合には、③欄に名称を、⑤欄に代表者の住所又は居所及び氏名を記載し、代表者の印を押してください（③欄に会社印を押す必要はありません。）。
　　・総代が互選されている場合には、⑤欄に総代の住所又は居所及び氏名（総代が法人の場合は所在地及び名称）を記載し、押印してください。なお、総代選任届出書を必ず添付してください。
　　・個人番号の記入に当たっては、左端を空欄にして記入してください。なお、審査請求書の控えを保管する場合においては、その控えには個人番号を記載しないで保管する場合には（複写により保管する場合は、個人番号部分が複写されない措置を講ずる）など、個人番号の取扱いには十分ご注意ください。

⑥ 代理人
　　・代理人が選任されている場合には、代理人の住所又は居所及び氏名（税理士法人の場合は、所在地及び名称）を記載し、押印してください。
　　・委任状（代理人の選任届出書（税理士の場合には、税務代理権限証書））を必ず添付してください。
　　・書類の送達先について、代理人を希望する場合には「書類の送達先を代理人とする」旨の届出を提出してください。

⑦ 原処分庁
　　・審査請求の対象とする更正処分等（原処分）の通知書に表示されている行政機関の長（例えば、「〇〇税務署長」、「〇〇国税局長」）を記載してください。
　　・原処分の通知書に、「国税局の職員の調査に基づいて行った」旨の付記がある場合には、その国税局長が原処分庁となりますから「〇〇国税局長」と記載してください。
　　・登録免許税に係る還付通知の請求に対してなされた還付通知をすべき理由がない旨の通知処分の場合には、「その他」欄に「〇〇法務局〇〇出張所登記官〇〇〇〇」と記載してください。

⑧ 処分日等
　　・上段には、「⑨処分名等」の各欄に記載する処分の通知書に記載されている年月日を記載してください。
　　・下段には、「⑨処分名等」の各欄に記載する処分の通知書の送達を受けた年月日を記載してください。
　　なお、通知を受けていない場合は、処分があったことを知った年月日を記載してください。

⑨ 処分名等
　　・「税目等」の各欄は、審査請求に係る処分の税目等の番号（税目が複数あれば該当する全ての番号）を〇で囲んでください。なお、番号「1」～「7」以外の場合（例：印紙税、登録免許税）には、番号「8」を〇で囲み〔　　〕内に税目等を記載してください。
　　・「処分名」の各欄は、税目ごとに審査請求に係る処分名の番号を〇で囲んでください。なお、該当する処分名が掲げられていない場合は、各欄の「その他」欄に処分名を記載してください。
　　・加算税については、加算税の番号を〇で囲んでください。
　　・「滞納処分等」の各欄は、差押えなどの滞納処分のほかに、第二次納税義務の告知や延納等国税の徴収に係る処分を記載してください。また、「3 公売等」及び「4 相続税の延納又は物納」については、審査請求の対象となる処分を〇で囲むか又は同欄の「その他」欄に処分名を記載してください。
　　・「対象年分等」の各欄は、処分名欄で〇で囲んだ処分名ごとに対象年分、対象事業年度、対象課税期間、対象月分等を記載してください。なお、対象年分等が複数の場合は、それぞれ記載してください。
　　・法人税や申告所得税のように複数の年分の処分が存在する場合には、それぞれ税目を記載の後に年分を記載してください。
　　・「対象年分等」の各欄に書ききれない場合には、適宜の用紙に記載して添付してください。
　　【記載例】・申告所得税の場合……平成〇年分
　　　・法人税の場合……平成〇年〇月〇日～平成〇年〇月〇日事業年度分
　　　　（連結事業年度に係るものの場合……平成〇年〇月〇日～平成〇年〇月〇日連結事業年度分）
　　　・消費税・地方消費税の場合……平成〇年〇月〇日～平成〇年〇月〇日課税期間
　　　・相続税の場合……平成〇年〇月〇日相続開始
　　　・源泉所得税（及び復興特別所得税）の場合……平成〇年〇月～平成〇年〇月分

187

第5章　審査請求の手続

審　査　請　求　書　（次　葉）

審査請求人（氏名・名称）　審判商事株式会社

⑪ 審査請求の趣旨

◎ 原処分（再調査の決定を経ている場合にあっては、当該決定後の処分）の取消し又は変更を求める範囲等について、該当する番号を○で囲んでください。
なお、次の番号2の「一部取消し」又は3の「その他」を求める場合には、その範囲等を記載してください。
① 全部取消し ……… 初葉記載の原処分の全部の取消しを求める。
2 一部取消し ……… 初葉記載の原処分のうち、次の部分の取消しを求める。
3 その他 ………… [　　　　　　　　　　　　　　　　　　　　　　　　　]
〔一部取消しを求める範囲〕

⑫ 審査請求の理由

◎ 取消し等を求める理由をできるだけ具体的に、かつ、明確に記載してください。

当社が、得意先に対するサービス用品の配付に要した費用を広告宣伝費として損金の額に算入したところ、麹町税務署長は、当該費用が租税特別措置法第61条の4第3項に規定する交際費等に該当するとして、法人税の更正処分及び過少申告加算税の賦課決定処分並びに復興特別法人税の更正処分及び過少申告加算税の賦課決定処分をした。
しかしながら、次の理由から、当該費用は広告宣伝費に当たるので、これが交際費等に該当するとの認定は誤りである。

1　当該サービス用品の配付対象者は、あらかじめ当社が行った広告宣伝費のとおり、当社と取引をしている一般消費者である。

2　当該費用は、広く一般消費者を対象にあらかじめ当社が行った広告宣伝の内容に従い、その約束ごとの履行として支出したものである。

⑬ 正当な理由がある場合

◎ 下記の場合には、原則として審査請求をすることができませんが、「正当な理由」がある場合には審査請求をすることができます。下記に該当する審査請求をされる場合には、「正当な理由」について具体的に記載してください。
・ 再調査の請求をした日の翌日から起算して3月を経過していない。
・ 原処分があったことを知った日（原処分に係る通知書の送達を受けた場合には、その受けた日）の翌日から起算して3月を経過している。
・ 再調査決定書の謄本の送達があった日の翌日から起算して1月を経過している。
・ 原処分に係る通知書の送達を受けた場合を除き、原処分があった日の翌日から起算して1年を経過している。
〔正当な理由〕

⑭ 添付書類

◎ 添付する書類の番号を○で囲んでください。
1　委任状（代理人の選任届出書）又は税務代理権限証書
2　総代表選任届出書
③ 審査請求の趣旨及び理由を計数的に説明する資料
④ 原処分の通知書の写し
5　再調査決定謄本の写し（再調査の決定がある場合）
6　個人番号確認書類
7　身元確認書類
8　書類の送達先を代理人とする申出書
9　その他

付表1号様式（次葉）

○　審査請求書の記載に当たっては、別紙「審査請求書の書き方」を参照してください。
○　この用紙に記載しきれないときは、適宜の用紙に記載して添付してください。

第1節 審査請求書の提出

	次葉にも、審査請求人氏名（名称）を必ず記載してください。
⑪ 審査請求の趣旨	審査請求の対象とする処分の取消し等を求める範囲について、番号「1」～「3」のうち該当する番号を○で囲み、「2　一部取消し」又は「3　その他」の場合には、その求める範囲を具体的に記載してください。 【2　一部取消しの場合の記載例】 　初葉記載の申告所得税（及び復興特別所得税）の平成○年○分の更正処分のうち所得金額△△円を超える部分に対応する税額に係る更正処分の取消し及びこれに伴う過少申告加算税の賦課決定処分の取消しを求める。 【3　その他の場合の記載例】 　初葉記載の贈与税の延納条件を2年とする処分を3年へ変更することを求める。
⑫ 審査請求の理由	原処分の全部又は一部の取消し等を求める理由をできるだけ具体的に、かつ、明確に記載してください。この用紙に書ききれないときは、適宜の用紙に記載して添付してください。 【申告所得税の場合の記載例】 　私は、土地家屋を平成○年○月○日に譲渡したので、租税特別措置法第35条第1項の特別控除の規定を適用して所得税の確定申告書を提出したが、A税務署長は、当該規定の適用は認められないとして更正処分等を行った。これは、次のとおり事実を誤認したものである。 　（以下、主張する事実関係を詳しく記載してください。） 【源泉所得税の場合の記載例】 　B税務署長は、外注先甲に対する支払が所得税法第183条第1項の給与等に該当するとして源泉所得税の納税告知処分をしたが、この処分は次の理由により法律の適用誤りである。 　（以下、適用誤りとされる理由を詳しく記載してください。） 【相続税の場合の記載例】 　私は、相続により取得したゴルフ会員権の価額を○○円と評価して相続税の申告をしたが、C税務署長はこれを△△円と評価して更正処分等を行った。しかしながら、これは次のとおり評価を誤ったものである。 　（以下、誤った評価とされる理由を詳しく記載してください。） 【消費税・地方消費税の場合の記載例】 　D税務署長は、取引先乙に支払った手数料の金額が、消費税法第30条第1項に規定する仕入税額控除の対象と認められないとして更正処分等を行った。しかしながら、この手数料については、次の理由により、仕入税額控除の対象とされるべきである。 　（以下、対象とされるとした理由を詳しく記載してください。） 【滞納処分等の場合の記載例】 　E税務署長は、私の所有するA町所在の土地を差し押さえた上に、更にB町所在の土地についても差押えを行ったが、次の理由により、B町所在の土地に対する差押処分は違法である。 　（以下、違法であるとした理由を詳しく記載してください。）
⑬ 正当な理由がある場合	不服申立期間（直接審査請求をする場合には処分があったことを知った日（処分に係る通知の送達を受けた場合には、その受けた日）の翌日から起算して3か月。再調査の請求を行った場合には再調査決定書の謄本の送達があった日の翌日から起算して1か月。）を経過した場合には、原則として審査請求をすることができませんが、「正当な理由」がある場合にはその限りではありません。 　不服申立期間を経過した後に審査請求をする場合においては、その理由をできるだけ具体的に、かつ、明確に記載してください。この用紙に書ききれないときは、適宜の用紙に記載して添付してください。 【記載例】 　私は、○○税務署長から平成□年□月□日に、平成○年4月1日～平成△年3月31日事業年度の法人税の更正の通知書を受領しましたが、その処分通知には行政不服審査法第82条に基づく不服申立てに係る教示がされておらず、他の方法でも審査請求期間を知ることができなかったことから、審査請求期間内に審査請求を行うことができませんでした。
⑭ 添付書類	添付書類については、審査請求書とともに添付する書類の番号を○で囲んでください。 1　委任状（代理人の選任届出書）又は税務代理権限証書 　　代理人が選任されている場合には、委任状（代理人の選任届出書（税理士の場合には、税務代理権限証書））を添付が必要です。 　　なお、納税管理人を代理人として審査請求をする場合にも、委任状が必要です。 2　総代選任届出書 　　総代が互選されている場合には、総代選任届出書の添付が必要です。 3　審査請求の趣旨及び理由を定型的に説明する資料 　　審査請求の趣旨及び理由を定型的に説明する必要がある場合には、その資料を添付してください。 4　「原処分通知書」及び「再調査決定書謄本」（再調査の決定がある場合）の写しをなるべく添付してください。 5　個人番号確認書類及び身元確認書類 　　郵送にて提出する場合には、必ず個人番号確認書類（例、個人番号カード、通知カード）及び身元確認書類（例、個人番号カード、運転免許証）を添付してください。 6　書類の送達先を代理人とする届出書 　　代理人が選任されている場合でも、原則として、国税不服審判所からの書類は審査請求人（本人）に送付しておりますが、当該書類の送達先も代理人を希望される場合には、「代理人の選任届出書」にその旨を記載するか、「書類の送達先を代理人とする届出書」の提出が必要となります。
	審査請求書は、初葉、次葉ともにそれぞれ正副2通の提出が必要です。

代理人の権限を証する書面は、代理人が税理士（税理士法人及び税理士業務を行う弁護士等を含む。以下同じ。）である場合には「税務代理権限証書」[161]（税理士30条）を提出することとなる。この場合、税務代理権限証書には「送達先を代理人とする書類」の記載欄がないので、税務代理権限証書を提出して書類の送達先を代理人としたい場合には、別途「書類の送達先を代理人とする申出書」様式5-3を提出する必要がある。

　一方、代理人が税理士以外である場合には「代理人選任届出書」様式5-2を用いる。この場合、書類の送達先を代理人としたければ、代理人選任届出書に送達先を代理人とする書類について記載すればよい（別途「書類の送達先を代理人とする申出書」を提出する必要はない。）。

代理人の権限を証する書面 ┤ 税理士：税務代理権限証書 ＋ 送達先の申出書
　　　　　　　　　　　　└ その他：代理人選任届出書

　また、代理人がその権限を失ったときは、審査請求人は、「代理人解任届出書」様式5-2を国税不服審判所長に提出しなければならない（税通令37条の2第2項）。

　なお、審査請求の取下げ及び復代理人の選任について、代理人に特別の委任又は解任をする場合には、「代理人に特別の委任（特別の委任の解除）をした旨の届出書」様式5-4を提出しなければならない（税通107条2項ただし書、税通令37条の2第1項後段・2項）。

(2) 総代を互選する場合

　共同審査請求人が総代[162]を互選した場合には、「総代の選任届出書」様式5-5を審査請求書の正本に添付しなければならない（税通令32条3項、37条の2第1項前段・3項）。

　また、総代を解任したときは、共同審査請求人は「総代の解任届出

様式5-2 代理人選任(解任)届出書

```
                                              平成  年  月  日

              代理人の  選任  届出書
                      解任

国税不服審判所長 殿
                          審査請求人
                          (住所・所在地) 〒   -

                          (ふりがな) (                    )
                          (氏名・名称)                    ㊞
                          (法人の場合、法人番号)
                          ┌─┬─┬─┬─┬─┬─┬─┬─┬─┬─┬─┬─┐
                          └─┴─┴─┴─┴─┴─┴─┴─┴─┴─┴─┴─┘
                          (法人の場合、代表者の住所) 〒   -

                          (法人の場合、代表者の氏名、ふりがな)
                          (                    )
                                                      ㊞


        下記1の事項について、下記2の者を代理人  に 選任  したので届け出ます。
                                              から解任

                              記

  1 委任事項
     審査請求に関する一切の行為

  2 代理人
     (住所・所在地) 〒   -
     (ふりがな)   (                    )
     (氏名・名称)
     (職  業)
     (連絡先(電話番号))       (        )

  3 送達先を代理人とする書類(書類の送達先を「審査請求人」と希望される方は記載不要。)
     国税不服審判所から送付する書類の送達先を「代理人」とする場合には、次のいずれかの
     番号に○を付してください。
     (1) 答弁書副本、裁決書謄本その他審査請求に係る一切の書類
     (2) (1)の書類のうち、裁決書謄本以外の書類
     (3) その他 (具体的に記載)

                                                      3号様式
```

「代理人の選任(解任)届出書(3号)」の書き方

　この「代理人の選任(解任)届出書(3号)」は、国税通則法第107条第1項の規定に基づき、代理人を選任又は解任する場合に使用します。
1　「選任」又は「解任」の記載及び「に選任」又は「から解任」の記載については、不要な記載を二重線等で抹消してください。
2　審査請求人が複数である場合には、別紙1を作成の上、添付してください。
3　複数の代理人を選任(解任)される場合には、別紙2を作成の上、添付してください。
4　国税通則法第107条第2項ただし書に規定する「特別の委任」をする場合には、「代理人に特別の委任(特別の委任の解除)をした旨の届出書(4号)」を作成の上、併せて提出してください。　なお、特別の委任に基づき代理人が復代理人を選任(解任)する場合の届出は、当該様式に所要の補正を加えて使用してください。
5　税理士(税理士法人及び税理士業務を行う弁護士等を含む。)の場合には、当該様式に代えて、税理士法第30条に規定する書面(「税務代理権限証書」)を提出してください。

第5章 審査請求の手続

別紙1（代理人の選任（解任）届出書用）

代理人の選任（解任）届出書（審査請求人が複数である場合）

審査請求人

A

住所・所在地	〒　　　－		
（ふりがな） 氏　名・名　称	（　　　　　　　　　　　） 　　　　　　　　　　　　㊞	電話番号	（　　　） －
法人の場合、法人番号	｜　｜　｜　｜　｜　｜　｜　｜　｜　｜　｜　｜		

B

住所・所在地	〒　　　－		
（ふりがな） 氏　名・名　称	（　　　　　　　　　　　） 　　　　　　　　　　　　㊞	電話番号	（　　　） －
法人の場合、法人番号	｜　｜　｜　｜　｜　｜　｜　｜　｜　｜　｜　｜		

C

住所・所在地	〒　　　－		
（ふりがな） 氏　名・名　称	（　　　　　　　　　　　） 　　　　　　　　　　　　㊞	電話番号	（　　　） －
法人の場合、法人番号	｜　｜　｜　｜　｜　｜　｜　｜　｜　｜　｜　｜		

D

住所・所在地	〒　　　－		
（ふりがな） 氏　名・名　称	（　　　　　　　　　　　） 　　　　　　　　　　　　㊞	電話番号	（　　　） －
法人の場合、法人番号	｜　｜　｜　｜　｜　｜　｜　｜　｜　｜　｜　｜		

E

住所・所在地	〒　　　－		
（ふりがな） 氏　名・名　称	（　　　　　　　　　　　） 　　　　　　　　　　　　㊞	電話番号	（　　　） －
法人の場合、法人番号	｜　｜　｜　｜　｜　｜　｜　｜　｜　｜　｜　｜		

3号様式（別紙1）

審　判　所　整　理　欄※				
番　号　確　認				
A	B	C	D	E

※審判所整理欄は記入しないでください

別紙2（代理人の選任（解任）届出書用）

代理人の選任（解任）届出書（代理人が複数である場合）

代理人
A

選任		住所・事務所	〒　　　－
		（ふりがな）	（　　　　　　　　　　　　　）
解任		氏名・名称	
		職　業	
		連絡先	（　　　　）

B

選任		住所・事務所	〒　　　－
		（ふりがな）	（　　　　　　　　　　　　　）
解任		氏名・名称	
		職　業	
		連絡先	（　　　　）

C

選任		住所・事務所	〒　　　－
		（ふりがな）	（　　　　　　　　　　　　　）
解任		氏名・名称	
		職　業	
		連絡先	（　　　　）

D

選任		住所・事務所	〒　　　－
		（ふりがな）	（　　　　　　　　　　　　　）
解任		氏名・名称	
		職　業	
		連絡先	（　　　　）

3号様式（別紙2）

(注1)　「選任」及び「解任」欄には、該当する事項に〇を付してください。
(注2)　代理人を複数選任する場合に、「代理人の選任（解任）届出書（3号）」にて書類の送達先を代理人と希望された方は、送達先を希望する代理人の選任欄に◎を付してください。

第5章 審査請求の手続

様式5-3 書類の送達先を代理人とする旨の申出書

```
                                          平成  年  月  日

                    書類の送達先を代理人とする申出書

  国税不服審判所長　殿

                              審査請求人
                                (住所・所在地) 〒   －

                                (ふりがな) (                    )
                                (氏名・名称)                    ㊞
                                (法人の場合、代表者の住所) 〒   －

                                (法人の場合、代表者の氏名、ふりがな)
                                (                              )
                                                                ㊞


      下記1の審査請求に関する行為を行う権限を下記2の代理人に委任し、「代理人の選任届
    出書」を提出したので、当該審査請求に係る下記3の書類の送達先を代理人とすることを申
    し出ます。

                              記

  1  審査請求
       原 処 分　_____
  2  代理人
       (住所・所在地) 〒   －
       (ふりがな)    (                              )
       (氏名・名称)  _____
       (職　　業)    _____
       (連絡先(電話番号))    (        )
  3  送達先を代理人とする書類（いずれかの番号に○を付してください。）
       (1) 答弁書副本、裁決書謄本その他審査請求に係る一切の書類
       (2) (1)の書類のうち、裁決書謄本以外の書類
       (3) その他（具体的に記載）

                                                            5号様式
```

「書類の送達先を代理人とする申出書（5号）」の書き方

　この「書類の送達先を代理人とする申出書（5号）」は、「税務代理権限証書」や「代理人の選任届出書（3号）」等を提出して、審査請求に係る一切の行為を代理人に委任している場合に、国税不服審判所から送達等する書類の送達先に代理人宛を希望する場合に使用します。
　なお、「代理人の選任届出書（3号）」を提出した際に、送達先を代理人とする書類について既に記載している場合には、この申出書を提出いただく必要はありません。

第1節　審査請求書の提出

様式5-4　代理人に特別の委任（特別の委任の解除）をした旨の届出書

```
                                          平成　年　月　日

            　特　別　の　委　任
   代理人に　　　　　　　　　　　をした旨の届出書
            特別の委任の解除

   国税不服審判所長　殿

                    審査請求人
                    （住所・所在地）　〒　－

                    （ふりがな）（　　　　　　　　　　）
                    （氏名・名称）　　　　　　　　　　㊞

                    （法人の場合、法人番号）

                    （法人の場合、代表者の住所）　〒　－

                    （法人の場合、代表者の氏名、ふりがな）
                    （　　　　　　　　　　　　　　　　）㊞


                            特別の委任
   下記1の代理人に対して、下記2の　　　　　　　　をしたので届け出ます。
                            特別の委任の解除

                           記

   1　代理人
       （住所・所在地）　　〒　－
       （ふりがな）　　（　　　　　　　　　　　　）
       （氏名・名称）
       （　職　業　）
       （連絡先(電話番号)）　　　　　（　　　　）

   2　委任事項（該当する事項の□にレを付してください。）
       □　審査請求の「取下げ」の権限
       □　代理人により復代理人を選任する権限

                                              4号様式
```

「代理人に特別の委任（特別の委任の解除）をした旨の届出書（4号）」の書き方

　この「代理人に特別の委任（特別の委任の解除）をした旨の届出書（4号）」は、国税通則法第107条第2項の規定に基づき、代理人に特別の委任又は特別の委任の解除をする場合に使用します。
　「特別の委任」又は「特別の委任の解除」の記載については、不要な記載を二重線等で抹消してください。

書」様式5-5 を提出しなければならない（税通令37条の2第2項・3項）。

注

159　国税不服審判所の所在地と管轄については、第3章第4節【図表3-6】（99頁）参照）
160　「代理人」の権限等については、第3章第8節（108頁）参照。
161　「税務代理権限証書」は、第4章第1節 様式4-3 （145頁）。
162　「総代」の権限等については、第3章第9節（111頁）参照。

第1節 審査請求書の提出

様式5−5 総代の選任（解任）届出書

```
                                              平成　　年　　月　　日

              総　代　の  選任  届　出　書
                        解任

  国税不服審判所長　殿

      私たちは、平成　　年　　月　　日付で提出した審査請求書に係る事件について、下記
                に　選任
  の者を総代                したので届け出ます。
                から解任

  審査請求人
      A
    ┌─────────┬────────────────────────────┐
    │住所・所在地      │〒　　　−                                        │
    ├─────────┼─────────────────┬──────────┤
    │（ふりがな）      │（　　　　　　　　　　　　）     │電話番号（　　）    │
    │氏　名・名　称    │                              ㊞ │         −        │
    ├─────────┼─────────────────┴──────────┤
    │法人の場合、法人番号│ │ │ │ │ │ │ │ │ │ │ │ │ │                       │
    └─────────┴────────────────────────────┘
      B
    ┌─────────┬────────────────────────────┐
    │住所・所在地      │〒　　　−                                        │
    ├─────────┼─────────────────┬──────────┤
    │（ふりがな）      │（　　　　　　　　　　　　）     │電話番号（　　）    │
    │氏　名・名　称    │                              ㊞ │         −        │
    ├─────────┼─────────────────┴──────────┤
    │法人の場合、法人番号│ │ │ │ │ │ │ │ │ │ │ │ │ │                       │
    └─────────┴────────────────────────────┘
      C
    ┌─────────┬────────────────────────────┐
    │住所・所在地      │〒　　　−                                        │
    ├─────────┼─────────────────┬──────────┤
    │（ふりがな）      │（　　　　　　　　　　　　）     │電話番号（　　）    │
    │氏　名・名　称    │                              ㊞ │         −        │
    ├─────────┼─────────────────┴──────────┤
    │法人の場合、法人番号│ │ │ │ │ │ │ │ │ │ │ │ │ │                       │
    └─────────┴────────────────────────────┘
                                  記

      総　　代
          氏名・名称　　＿＿＿＿＿＿＿＿＿＿＿＿＿＿＿＿＿＿＿＿＿＿＿＿

                                                              6号様式
```

審判所整理欄※
番号確認

※審判所整理欄は記入
　しないでください

「総代の選任（解任）届出書（6号）」の書き方

　この「総代の選任（解任）届出書（6号）」は、国税通則法第108条第1項に基づき、総代を選任又は解任する場合に使用します。
1　「選任」又は「解任」の記載及び「に選任」又は「から解任」の記載については、不要な記載を二重線等で抹消してください。
2　「審査請求人」欄が不足する場合は、別紙を作成の上、添付してください。
3　総代に複数人（3人を超えない総代を選任することができます。）を選任する場合には、全ての総代を「総代」欄の「氏名・名称」欄に記載してください。

第5章　審査請求の手続

別紙（総代の選任（解任）届出書用：審査請求人が4名以上である場合）

審査請求人

D

住所・所在地	〒　　－		
（ふりがな） 氏　名　・　名　称	（　　　　　　　　　　） 　　　　　　　　　　㊞	電話番号	（　　　） －
法人の場合、法人番号	｜　｜　｜　｜　｜　｜　｜　｜　｜　｜　｜　｜		

E

住所・所在地	〒　　－		
（ふりがな） 氏　名　・　名　称	（　　　　　　　　　　） 　　　　　　　　　　㊞	電話番号	（　　　） －
法人の場合、法人番号	｜　｜　｜　｜　｜　｜　｜　｜　｜　｜　｜　｜		

F

住所・所在地	〒　　－		
（ふりがな） 氏　名　・　名　称	（　　　　　　　　　　） 　　　　　　　　　　㊞	電話番号	（　　　） －
法人の場合、法人番号	｜　｜　｜　｜　｜　｜　｜　｜　｜　｜　｜　｜		

G

住所・所在地	〒　　－		
（ふりがな） 氏　名　・　名　称	（　　　　　　　　　　） 　　　　　　　　　　㊞	電話番号	（　　　） －
法人の場合、法人番号	｜　｜　｜　｜　｜　｜　｜　｜　｜　｜　｜　｜		

H

住所・所在地	〒　　－		
（ふりがな） 氏　名　・　名　称	（　　　　　　　　　　） 　　　　　　　　　　㊞	電話番号	（　　　） －
法人の場合、法人番号	｜　｜　｜　｜　｜　｜　｜　｜　｜　｜　｜　｜		

6号様式（別紙）

審判所整理欄				
番号確認				
D	E	F	G	H

※審判所整理欄は記入しないでください

第2節　記載内容の補正

1　形式審査

審査請求書が提出されると、提出先の国税不服審判所において、審査請求が法令の規定に従っているかどうかの形式的な審査が行われる。これを「形式審査」という。

2　補　　正

形式審査によって、審査請求書になんらかの不備があると認められた場合には、国税不服審判所は、相当の期間を定め、その期間内に当該不備を補正することを求めなければならない（税通91条1項本文）。これを「補正要求」という。

補正要求は、審査請求が不適法なもので補正可能と認められる場合、例えば、審査請求書に必要な記載事項を欠いている場合（軽微な不備で審査請求の調査及び審理を行う上で支障のない場合を除く。）又は代理人を選任するとき若しくは総代を互選するときにおいて代理人若しくは総代の権限を証する書面の添付がない場合に行われる（審通（審）91-1）。

補正要求は、口頭又は文書により行われるが、補正がされない場合にはその審査請求を不適法なものとして却下することとなるような事項のあるものについては、具体的に補正すべき事項を示した書面により行われる（審通（審）91-2）。

審査請求人が補正に応じるときには、原則として、「審査請求書の補正書」様式5-6を提出することとなる。

ただし、審査請求書に必要な記載事項を欠いたものであっても、軽微な不備で審査請求の調査及び審理を行う上で支障のないものについ

ては、国税不服審判所長は職権で補正することもできる（税通91条1項ただし書、審通（審）91-1（注））。

$$
補\quad 正 \begin{cases} 審査請求人による補正 \\ 職権による補正 \end{cases}
$$

　審査請求人が、補正期間内に補正に応じないときは、実質審理に入ることなく、裁決により、その審査請求は却下される（税通81条5項)[163]。

注
163　本章第14節1⑴（241頁）参照。

第2節　記載内容の補正

様式5-6 審査請求書の補正書

```
                                     平成　　年　　月　　日

                    審 査 請 求 書 の 補 正 書

_____ 国税不服審判所
        首席国税審判官　殿

                        審査請求人
                        (住所・所在地)　〒　　―

                         (ふりがな)（　　　　　　　　　　）
                         (氏名・名称)　　　　　　　　　　㊞
                         (法人の場合、法人番号)
                         □□□□□□□□□□□□□
                         (法人の場合、代表者の住所)　〒　　―

                         (法人の場合、代表者の氏名、ふりがな)
                         （　　　　　　　　　　）　　　　㊞

                        代理人
                        (住所・所在地)　〒　　―

                         (ふりがな)（　　　　　　　　　　）
                         (氏名・名称)　　　　　　　　　　㊞

    平成　　年　　月　　日付で提出した審査請求書について下記のとおり
  補正します。
                        記

  | 補正を要する事項 | 補正内容 |
  |                 |          |
  |                 |          |
  |                 |          |

                                              2号様式
                                    ┌──────────┐
                                    │審判所整理欄※│
                                    │番号確認      │
                                    └──────────┘
                                    ※審判所整理欄は記入
                                      しないでください
```

「審査請求書の補正書（2号）」の書き方

　この「審査請求書の補正書（2号）」は、国税通則法第91条の規定に基づき、国税不服審判所長から審査請求書の記載事項等に係る不備の補正を求められた事項について、補正する場合に使用します。
1　代理人が提出する場合は、審査請求人の押印は必要がありません。
2　「補正を要する事項」欄には、国税不服審判所の担当者から補正を要する旨の連絡があった事項を記載してください。
3　「補正内容」欄には、「補正を要する事項」欄に記載した事項に対する補正内容を記載してください。

第3節　参加人[164]

1　参加の申請

　利害関係人が参加の申請をする際は、「審査請求への参加申請書」様式5-7 を提出することにより国税不服審判所長の許可を得る必要がある（税通109条1項、税通令37条の2第1項前段）。

　なお、再調査の請求における参加人は、当然に審査請求における参加人となり得るものではないから、改めて国税不服審判所長の参加の許可又は参加の求めを得た上でなければ、審査請求における参加人となることはできない（審通（審）109-10）。

2　参加人の代理人

　参加人の代理人の権限は、書面で証明しなければならない（税通37条の2第1項）。参加人の代理人の権限を証する書面は、代理人が税理士(税理士法人及び税理士業務を行う弁護士等を含む。以下同じ。)である場合には「税務代理権限証書」様式4-3（145頁）（税理士30条）を提出することとなる。

　一方、代理人が税理士以外である場合には、本章第1節2(1)に示した「代理人選任（解任）届出書」様式5-2（191頁）の右上の「審査請求人」とある箇所を二重線で消して「参加人」と書き換えて用いればよい。

　また、参加人の代理人がその権限を失ったときは、審査請求人は、書面でその旨を国税不服審判所長に届け出なければならない（税通令37条の2第2項）。その際の書面についも、上述の「代理人選任（解任）届出書」様式5-2 の提出者の欄を書き換えて用いればよい。

注

164　「参加人」の意義については、第3章第10節（114頁）参照。

第3節 参加人

様式5-7 審査請求への参加申請書

```
                                            平成　　　年　　　月　　　日

                       審査請求への参加申請書

  国税不服審判所長　殿

                       申請人
                        (住所・所在地)　〒　　　－

                        (ふりがな)　(                              )
                        (氏名・名称)                            ㊞
                        (法人の場合、法人番号)
                        ┌─┬─┬─┬─┬─┬─┬─┬─┬─┬─┬─┬─┬─┐
                        │ │ │ │ │ │ │ │ │ │ │ │ │ │
                        └─┴─┴─┴─┴─┴─┴─┴─┴─┴─┴─┴─┴─┘
                        (法人の場合、代表者の住所)　〒　　　－

                        (法人の場合、代表者の氏名、ふりがな)
                        (                                          )
                                                                  ㊞
                       代理人
                        (住所・所在地)　〒　　　－

                        (ふりがな)　(                              )
                        (氏名・名称)                            ㊞

        下記1の審査請求について、下記2のとおり利害関係を有するので、参加人として参加
      したく申請します。
                                    記
      1　審査請求
        (1)　審査請求人
              (住所・所在地)　＿＿＿＿＿＿＿＿＿＿＿＿＿＿＿＿＿＿＿＿＿＿＿＿
              (氏名・名称)　＿＿＿＿＿＿＿＿＿＿＿＿＿＿＿＿＿＿＿＿＿＿＿＿
        (2)　原　処　分　＿＿＿＿＿＿＿＿＿＿＿＿＿＿＿＿＿＿＿＿＿＿＿＿＿＿＿＿
                        ＿＿＿＿＿＿＿＿＿＿＿＿＿＿＿＿＿＿＿＿＿＿＿＿＿＿＿＿
        (3)　審査請求書の収受年月日　　　平成　　　年　　　月　　　日

      2　参加の理由（利害関係の具体的な内容を記載してください。）



                                                          12号様式

                                                   ┌────────┐
                                                   │審判所整理欄※│
                                                   ├────────┤
                                                   │番号確認　　　│
                                                   └────────┘
                                                   ※審判所整理欄は記入
                                                    しないでください
```

「審査請求への参加申請書（12号）」の書き方

　この「審査請求への参加申請書（12号）」は、国税通則法第109条の規定に基づき、利害関係人（審査請求人以外の者であって、審査請求に係る処分の根拠となる法令に照らし当該処分につき利害関係を有する者。）が国税不服審判所長に対し参加の申請をする場合に使用します。
1　「2　参加の理由」欄には、その理由をなるべく具体的に記載してください。記載欄が不足する場合には、適宜の用紙に記載の上、提出してください。
　また、参加の理由を証する資料等があれば、関係資料を添付してください。
2　「1　審査請求」の「(2)　原処分」欄及び「(3)　審査請求書の収受年月日」欄は、把握している場合には記載してください。

203

第4節　審査請求人の地位の承継[165]

1　地位承継の届出

相続又は合併等により審査請求人の地位の承継が生じた場合には、「審査請求人の地位承継及び総代選任の届出書」様式5-8 を国税不服審判所長に提出しなければならない。

2　地位承継の許可申請

審査請求の目的である処分に係る権利を譲り受けた者が、審査請求人の地位を承継することの許可を申請する場合には、「審査請求人の地位の承継の許可申請書」様式5-9 を国税不服審判所長に提出する。この書面には、当該権利の譲渡人と譲受人が連署しなければならないこととされている（審通（審）106-4）。

注
165　「不服申立人の地位の承継」の意義については、第3章第14節（129頁）参照。

第4節 審査請求人の地位の承継

様式5-8 審査請求人の地位承継及び総代選任の届出書

```
                                            平成   年   月   日

                  審査請求人の地位承継及び総代選任の届出書

   国税不服審判所長　殿

                          審査請求人の地位を承継した者
                          (住所・所在地)　〒　－

                          (ふりがな)　(                    )
                          (氏名・名称)                     ㊞
                          (個人番号又は法人番号)
                          ┌─┬─┬─┬─┬─┬─┬─┬─┬─┬─┬─┬─┐
                          └─┴─┴─┴─┴─┴─┴─┴─┴─┴─┴─┴─┘
                          (法人の場合、代表者の住所)　〒　－

                          (法人の場合、代表者の氏名、ふりがな)
                          (                              )
                                                         ㊞
                          代理人
                          (住所・所在地)　〒　－

                          (ふりがな)　(                    )
                          (氏名・名称)                     ㊞

    下記1の審査請求について、下記2の原因により、審査請求人の地位を承継したので届け
   出ます。
    また、下記3の者を総代として選任したので届け出ます。

                              記

   1　審査請求
     (1) 審査請求人
        (住所・所在地)　〒　－
        (ふりがな)
        (氏名・名称)
     (2) 原処分
     (3) 審査請求書の収受年月日　平成　　年　　月　　日
   2　承継原因　(添付書類)
     (1) 国税通則法第106条第1項(相続)による。　(添付書類：戸籍謄本)
        (平成　　年　　月　　日死亡)
     (2) 国税通則法第106条第2項(合併等)による。(添付書類：登記事項証明書)
   3　総代
        (氏名・名称)

                                                       7号様式
```

審判所整理欄 (記入しないでください)		
本人確認		確認書類
番号確認	身元確認	個人番号カード/通知カード・運転免許証 その他 (　　　　　　)

「審査請求人の地位承継及び総代選任の届出書(7号)」の書き方

　この「審査請求人の地位承継及び総代選任の届出書(7号)」は、国税通則法第106条第3項の規定に基づき、相続又は合併等により審査請求人の地位を承継したことを国税不服審判所長に届け出る場合に使用します。
1　審査請求人の地位を承継した者が複数である場合には、別紙を作成の上、添付してください。
2　個人番号の記入に当たっては、左端を空欄にして記入してください。
　なお、この届出書(別紙を含みます。)の控えを保管する場合においては、その控えには個人番号を記載しない(複写により控えを作成し保管する場合は、個人番号部分が複写されない措置を講ずる)など、個人番号の取扱いには十分ご注意ください。
3　総代に複数人(3人を超えない総代を選任することができます。)を選任する場合には、全ての総代を「3 総代」欄の「(氏名・名称)」欄に記載してください。
4　総代を選任しない場合又は合併等による承継の場合には、「3 総代」欄の記載は必要ありません。

第5章　審査請求の手続

別紙（審査請求人の地位承継及び総代選任の届出書用：地位を承継した者が複数である場合）

審査請求人の地位を承継した者

A

住所・所在地	〒　－
（ふりがな） 氏　名・名　称	（　　　）　　　　　　　㊞　　電話番号（　　　）－
個　人　番　号 又は法人番号	｜　｜　｜　｜　｜　｜　｜　｜　　続柄

B

住所・所在地	〒　－
（ふりがな） 氏　名・名　称	（　　　）　　　　　　　㊞　　電話番号（　　　）－
個　人　番　号 又は法人番号	｜　｜　｜　｜　｜　｜　｜　｜　　続柄

C

住所・所在地	〒　－
（ふりがな） 氏　名・名　称	（　　　）　　　　　　　㊞　　電話番号（　　　）－
個　人　番　号 又は法人番号	｜　｜　｜　｜　｜　｜　｜　｜　　続柄

D

住所・所在地	〒　－
（ふりがな） 氏　名・名　称	（　　　）　　　　　　　㊞　　電話番号（　　　）－
個　人　番　号 又は法人番号	｜　｜　｜　｜　｜　｜　｜　｜　　続柄

E

住所・所在地	〒　－
（ふりがな） 氏　名・名　称	（　　　）　　　　　　　㊞　　電話番号（　　　）－
個　人　番　号 又は法人番号	｜　｜　｜　｜　｜　｜　｜　｜　　続柄

※　個人番号の記入に当たっては、左端を空欄にして記入してください。　　　7号様式（別紙）

審判所整理欄（記入しないでください）

		本　人　確　認								
		A		B		C		D		E	
		番号確認	身元確認	番号確認	身元確認	番号確認	身元確認	番号確認	身元確認	番号確認	身元確認
確認書類		個人番号カード 通知カード・運転免許証 その他（　）		個人番号カード 通知カード・運転免許証 その他（　）		個人番号カード 通知カード・運転免許証 その他（　）		個人番号カード 通知カード・運転免許証 その他（　）		個人番号カード 通知カード・運転免許証 その他（　）	

第4節　審査請求人の地位の承継

様式5-9　審査請求人の地位の承継の許可申請書

```
                                            平成　　年　　月　　日

                   審査請求人の地位の承継の許可申請書

  国税不服審判所長　殿
                              申請人
                              (住所・所在地)　〒

                              (ふりがな)　(                      )
                              (氏名・名称)                       ㊞
                              (個人番号又は法人番号)
                              [ | | | | | | | | | | | | ]
                              (法人の場合、代表者の住所)　〒　－

                              (法人の場合、代表者の氏名、ふりがな)
                              (                                )　㊞

                              代理人
                              (住所・所在地)　〒

                              (ふりがな)　(                      )
                              (氏名・名称)                       ㊞

     下記1の審査請求について、国税通則法第106条第4項の規定に基づき、下記2の原因に
    より、審査請求の目的である処分に係る権利を譲り受けましたので、審査請求人の地位の
    承継の許可を申請します。
                                記
    1　審査請求
     (1)　審査請求人（審査請求の目的である処分に係る権利を譲り渡した者）
         (住所・所在地)　〒　－

         (ふりがな)　(                      )
         (氏名・名称)                       ㊞

     ※ 審査請求人が法人の場合
         (代表者の住所)　〒　－

         (ふりがな)　(                      )
         (代表者の氏名)                       ㊞

     (2)　原　　処　　分
     (3)　審査請求書の収受年月日　　平成　　　　年　　　月　　　日
    2　処分に係る権利を譲り受けた原因

                                                         8号様式
```

審判所整理欄（記入しないでください）		
本人確認		確認書類
番号確認	身元確認	個人番号カード/通知カード・運転免許証
		その他（　　　　　）

「審査請求人の地位の承継の許可申請書（8号）」の書き方

　この「審査請求人の地位の承継の許可申請書（8号）」は、国税通則法第106条第4項の規定に基づき、審査請求の目的である処分に係る権利を譲り受けた者（申請人）が、国税不服審判所長に対し、審査請求人の地位を承継することの許可を申請する場合に使用します。
1　申請人が複数である場合は、別紙1を作成の上、添付してください。
2　審査請求人（審査請求の目的である処分に係る権利を譲り渡した者）が複数である場合には、別紙2を作成の上、添付してください。
3　個人番号の記入に当たっては、左端を空欄にして記入してください。
　なお、この申請書（別紙1を含みます。）の控えを保管する場合においては、その控えには個人番号を記載しない（複写により控えを作成し保管する場合は、個人番号部分が複写されない措置を講ずる）など、個人番号の取扱いには十分ご注意ください。
4　「2　処分に係る権利を譲り受けた原因」を証する資料を添付してください。

第5章 審査請求の手続

別紙1（審査請求人の地位の承継の許可申請書用：申請人が複数である場合）

審査請求の目的である処分に係る権利を譲り受けた者

A

住所・所在地	〒
（ふりがな） 氏名・名称	（　　　　　　　）　　㊞　　電話番号（　　）－
個人番号 又は法人番号	｜｜｜｜｜｜｜｜｜｜｜｜｜　※ 個人番号の記入に当たっては、左端を空欄にして記入してください。

B

住所・所在地	〒
（ふりがな） 氏名・名称	（　　　　　　　）　　㊞　　電話番号（　　）－
個人番号 又は法人番号	｜｜｜｜｜｜｜｜｜｜｜｜｜　※ 個人番号の記入に当たっては、左端を空欄にして記入してください。

C

住所・所在地	〒
（ふりがな） 氏名・名称	（　　　　　　　）　　㊞　　電話番号（　　）－
個人番号 又は法人番号	｜｜｜｜｜｜｜｜｜｜｜｜｜　※ 個人番号の記入に当たっては、左端を空欄にして記入してください。

D

住所・所在地	〒
（ふりがな） 氏名・名称	（　　　　　　　）　　㊞　　電話番号（　　）－
個人番号 又は法人番号	｜｜｜｜｜｜｜｜｜｜｜｜｜　※ 個人番号の記入に当たっては、左端を空欄にして記入してください。

E

住所・所在地	〒
（ふりがな） 氏名・名称	（　　　　　　　）　　㊞　　電話番号（　　）－
個人番号 又は法人番号	｜｜｜｜｜｜｜｜｜｜｜｜｜　※ 個人番号の記入に当たっては、左端を空欄にして記入してください。

8号様式（別紙1）

審判所整理欄（記入しないでください）

	本　人　確　認								
	A		B		C		D		E	
	番号確認	身元確認	番号確認	身元確認	番号確認	身元確認	番号確認	身元確認	番号確認	身元確認
確認書類	個人番号カード 通知カード・運転免許証 その他（　　）		個人番号カード 通知カード・運転免許証 その他（　　）		個人番号カード 通知カード・運転免許証 その他（　　）		個人番号カード 通知カード・運転免許証 その他（　　）		個人番号カード 通知カード・運転免許証 その他（　　）	

第4節　審査請求人の地位の承継

別紙2（審査請求人の地位の承継の許可申請書用：審査請求人が複数である場合）

審査請求人

A

住所・所在地	〒　　－
（ふりがな） 氏　名　・　名　称	（　　　　　　　　　）　　　　　㊞

B

住所・所在地	〒　　－
（ふりがな） 氏　名　・　名　称	（　　　　　　　　　）　　　　　㊞

C

住所・所在地	〒　　－
（ふりがな） 氏　名　・　名　称	（　　　　　　　　　）　　　　　㊞

D

住所・所在地	〒　　－
（ふりがな） 氏　名　・　名　称	（　　　　　　　　　）　　　　　㊞

E

住所・所在地	〒　　－
（ふりがな） 氏　名　・　名　称	（　　　　　　　　　）　　　　　㊞

F

住所・所在地	〒　　－
（ふりがな） 氏　名　・　名　称	（　　　　　　　　　）　　　　　㊞

G

住所・所在地	〒　　－
（ふりがな） 氏　名　・　名　称	（　　　　　　　　　）　　　　　㊞

8号様式（別紙2）

第5節 取下げ[166]

　審査請求人は、審査請求についての裁決があるまでは、いつでも、「審査請求の取下書」様式5-10を提出することにより当該不服申立てを取り下げることができる（税通110条1項）。

　審査の請求の取下げができる者は、審査請求人本人及び取下げについて特別の委任を受けた代理人に限られ、総代又は取下げの委任を受けていない代理人はこれをすることができない（審通（審）110-1）。また、参加人についても、不服申立ての取下げをすることはできない（審通（審）109-7）。

注
166　「取下げ」の意義については、第3章第12節（123頁）参照。

第5節　取下げ

様式5-10　審査請求の取下書

平成　年　月　日

国税不服審判所長　殿

　　　　　　　　　審査請求人
　　　　　　　　　　（住所・所在地）
　　　　　　　　　_____

　　　　　　　　　　（氏名・名称）
　　　　　　　　　_____　㊞

　　　　　　　　　　（法人の場合、法人番号）
　　　　　　　　　|　|　|　|　|　|　|　|　|　|　|　|　|　|

　　　　　　　　　　（法人の場合、代表者の住所）
　　　　　　　　　_____

　　　　　　　　　　（法人の場合、代表者の氏名）
　　　　　　　　　_____　㊞

　　　　　　　　　代　理　人
　　　　　　　　　　（住所・所在地）
　　　　　　　　　_____

　　　　　　　　　　（氏名・名称）
　　　　　　　　　_____　㊞

　　　　　　　審　査　請　求　の　取　下　書

　　　平成　年　月　日に収受された下記の審査請求を取り下げます。

　　　　　　　　　　　　　　　記

　　　審査請求
　　　　（1）原　処　分　　_____
　　　　（2）審査請求書収受年月日　平成　年　月　日

付表15号様式

（注）代理人が取下書を提出する場合には、国税通則法第107条第2項に規定する「特別の委任」（付表13号様式別紙3「代理人に特別の委任をした旨の届出書」の提出）が必要となります。

審判所整理欄※
番号確認

※審判所整理欄は記入
　しないでください

第6節　答弁書の要求と担当審判官等の指定

1　答弁書の提出等

　形式審査において適法な審査請求であると認められた場合は、国税不服審判所長は、相当の期間を定めて、原処分庁に対して、審査請求の趣旨及び理由に対する原処分庁の主張を記載した「答弁書」の提出を求めるとともに、処分の理由となった事実を証する書類その他の物件の提出を依頼する（税通93条1項・2項）。ここで「相当の期間」とは、答弁書を作成するのに通常要する期間をいい、その期間は、審査請求の対象とされた処分の内容や、当該審査請求が再調査の請求についての決定を経たものであるかなどの事情に応じて定められる（審通（審）93-1）。また、答弁書の提出については、原則として正本1通並びに審査請求人及び参加人の人数分の副本が必要である（税通令32条の3）。

2　担当審判官等の指定

(1)　担当審判官等の指定と通知

　国税不服審判所長は、審査請求に係る調査及び審理を行わせるため、担当審判官1名及び参加審判官2名以上（以下「担当審判官等」という。）を指定し（税通94条1項）、答弁書副本を審査請求人及び参加人に送付する（同93条3項）とともに、担当審判官の所属及び氏名を書面で通知する（税通令33条前段）。

(2)　担当審判官等の除斥事由

　国税不服審判所長が指定する担当審判官等は、次に掲げる者以外の者でなければならない（税通94条2項）。
　① 審査請求に係る処分又は当該処分に係る再調査の請求について

の決定に関与した者
② 審査請求人
③ 審査請求人の配偶者、四親等内の親族又は同居の親族
④ 審査請求人の代理人
⑤ ③・④に掲げる者であった者
⑥ 審査請求人の後見人、後見監督人、保佐人、保佐監督人、補助人又は補助監督人
⑦ 利害関係人（審査請求人以外の者であって、審査請求に係る処分又は不作為に係る処分の根拠となる法令に照らし、当該処分につき利害関係を有するものと認められる者）

(3) 担当審判官等の指定時期

　国税通則法の条文上は担当審判官等の指定時期は明らかでないが、形式審査の終了前であっても、担当審判官等を指定することができるものと解される[167]。

注
[167] 第2章第6節2（45頁）参照。

第7節　反論書等の提出

1　反論書・参加人意見書の提出

　審査請求人は、送付された原処分庁の答弁書に対して反論がある場合には、自己の主張を記載した「反論書」様式5-11を提出することができる（税通95条1項前段）。

　また、参加人は、審査請求に係る事件に関する意見を記載した「参加人意見書」様式5-12を提出することができる（税通95条2項前段）。

　これらの場合、担当審判官が反論書又は参加人意見書を提出すべき相当の期間を定めたときは、その期間内に提出しなければならない（税通95条1項後段・2項後段）。ここで「相当な期間」とは、反論書又は参加人意見書を作成するのに通常要する期間をいい、その期間は、審査請求の対象とされた処分の内容や、審査請求人又は参加人の事情などに応じて定められる（審通（審）95-1）。

　担当審判官は、審査請求人から反論書の提出があったときはこれを参加人及び原処分庁に、参加人から参加人意見書の提出があったときはこれを審査請求人及び原処分庁に、それぞれ送付しなければならない（税通95条3項）。

2　審査請求人意見書の提出

　原処分庁は、反論書や参加人意見書に対して意見がある場合には、意見書を提出することができる。担当審判官は、原処分庁から意見書が提出された場合には、その写しを審査請求人及び参加人に送付しなければならない[168]。

　審査請求人は、原処分庁又は参加人から提出された意見書等に対し

第7節　反論書等の提出

様式5-11　反論書の提出について

平成　　年　　月　　日

反論書の提出について

　　　　　国税不服審判所
　　担当審判官　　　　　　殿

審査請求人
(住所・所在地)　〒　　　－

(ふりがな)　(　　　　　　　　　　　　)
(氏名・名称)　　　　　　　　　　　　㊞
(法人の場合、法人番号)

(法人の場合、代表者の住所)　〒　　　－

(法人の場合、代表者の氏名、ふりがな)
(　　　　　　　　　　　　)　　　　　㊞

代理人
(住所・所在地)　〒　　　－

(ふりがな)　(　　　　　　　　　　　　)
(氏名・名称)　　　　　　　　　　　　㊞

平成　　　年　　　月　　　日付の原処分庁の答弁書に対する反論書を提出します。

9号様式(初葉)

審判所整理欄※
番号確認

※審判所整理欄は記入
しないでください

第5章 審査請求の手続

(　　枚のうち　　枚目)

反　論　書

9号様式(次葉)

「反論書の提出について（9号）」の書き方

　この「反論書の提出について（9号）」は、国税通則法第95条第1項の規定に基づき、審査請求人が原処分庁の答弁書に記載された事項に対する反論書を提出する場合に使用します。
1　代理人が提出される場合には、審査請求人の押印は必要がありません。
2　反論の記載に当たっては、次葉を利用するか、又は適宜の用紙に記載してください。

第7節　反論書等の提出

様式5-12　参加人意見書の提出について

```
                                      平成　　年　　月　　日

                     参加人意見書の提出について


    ＿＿＿＿国税不服審判所
        担当審判官＿＿＿＿＿殿
                              参加人
                              (住所・所在地) 〒　　—

                              (ふりがな)（　　　　　　　　　　　）
                              (氏名・名称)　　　　　　　　　　㊞
                              (法人の場合、法人番号)
                              ｜　｜　｜　｜　｜　｜　｜　｜　｜　｜　｜　｜　｜
                              (法人の場合、代表者の住所) 〒　　—

                              (法人の場合、代表者の氏名、ふりがな)
                                       （　　　　　　　　　　　）
                                                          ㊞
                              代理人
                              (住所・所在地) 〒　　—

                              (ふりがな)（　　　　　　　　　　　）
                              (氏名・名称)　　　　　　　　　　㊞


                          答　弁　書
                          反　論　書
                          原処分庁意見書
    平成　年　月　日付の　審査請求人意見書　に対する意見書を提出します。
                          原処分庁回答書
                          審査請求人回答書
                          釈　明　書　面

    ※ 次の欄に審査請求人の氏名等を記載してください。

        (住所・所在地) ＿＿＿＿＿＿＿＿＿＿＿＿＿＿＿＿＿＿
        (氏名・名称)   ＿＿＿＿＿＿＿＿＿＿＿＿＿＿＿＿＿＿

                                            13号様式(初葉)
                                        ┌──────────┐
                                        │審判所整理欄※│
                                        ├──────────┤
                                        │番号確認    │
                                        └──────────┘
                                        ※審判所整理欄は記入
                                          しないでください
```

第5章　審査請求の手続

(　　枚のうち　　枚目)

参　加　人　意　見　書

13号様式(次葉)

「参加人意見書の提出について（13号）」の書き方

　この「参加人意見書の提出について（13号）」は、国税通則法第95条第2項の規定に基づき、参加人が原処分庁から提出された答弁書、審査請求人から提出された反論書、原処分庁又は審査請求人から提出された意見書等に対する意見書を提出する場合に使用します。
1　代理人が提出される場合には、参加人の押印は必要がありません。
2　本文の「答弁書」、「反論書」、「原処分庁意見書」、「審査請求人意見書」、「原処分庁回答書」、「審査請求人回答書」又は「釈明書面」の記載については、不要な記載を二重線等で抹消してください。
3　意見の記載に当たっては、次葉を利用するか、又は適宜の用紙に記載してください。

て意見がある場合には、「審査請求人意見書」様式5-13 を提出することができる。

注
168 審判所QA14頁。

第5章　審査請求の手続

様式5-13　審査請求人意見書の提出について

平成　　年　　月　　日

審査請求人意見書の提出について

　　　　　国税不服審判所
　担当審判官　　　　　　　殿

審査請求人
(住所・所在地)　〒　　―

(ふりがな)　(　　　　　　　　　)
(氏名・名称)　　　　　　　　　　㊞
(法人の場合、代表者の住所)　〒　　―

(法人の場合、代表者の氏名、ふりがな)
(　　　　　　　　　)
　　　　　　　　　　㊞

代理人
(住所・所在地)　〒　　―

(ふりがな)　(　　　　　　　　　)
(氏名・名称)　　　　　　　　　　㊞

平成　　年　　月　　日付の
　　原処分庁意見書
　　参加人意見書
　　原処分庁回答書　　に対する意見書を提出します。
　　参加人回答書
　　釈　明　書　面

11号様式(初葉)

第7節　反論書等の提出

(　　　枚のうち　　　枚目)

審査請求人意見書

11号様式(次葉)

「審査請求人意見書の提出について（11号）」の書き方
　この「審査請求人意見書の提出について（11号）」は、審査請求人が原処分庁又は参加人から提出された意見書等に対する意見書を提出する場合に使用します。
1　代理人が提出される場合には、審査請求人の押印は必要がありません。
2　本文の「原処分庁意見書」、「参加人意見書」、「原処分庁回答書」、「参加人回答書」又は「釈明書面」の記載については、不要な記載を二重線等で抹消してください。
3　意見の記載に当たっては、次葉を利用するか、又は適宜の用紙に記載してください。

第5章 審査請求の手続

第8節 口頭意見陳述等

1 請求人面談

担当審判官が審査請求人と早期に面談し、審査請求人の主張等の確認を行う「請求人面談」と呼ばれる運用上の手続がある。

請求人面談において、担当審判官は、審査請求人の主張を正しく理解するために、審査請求人から審査請求書に記載された理由等の内容や主張を裏付ける証拠に関する説明を直接聴取し、担当審判官から、主張の補強や証拠書類等の提出を求められることもある[169]。

2 口頭意見陳述

(1) 口頭意見陳述の申立て

審査請求人又は参加人には、「口頭意見陳述の申立書」様式5-14 を提出することにより口頭意見陳述の機会が与えられる（税通95条の2第1項）。

ただし、申立人の所在その他の事情により口頭意見陳述の機会を与えることが困難である場合には、口頭意見陳述が認められないこともある（税通95条の2第3項）。ここで「申立人の所在その他の事情」とは、例えば、申立人が矯正施設に収容されていて相当の期間出所の見込みがない場合など、申立人が担当審判官の指定した期日及び場所に出頭して口頭で意見を述べることが困難であると認められる事情をいう（審通（審）95の2-2）。

このような口頭意見陳述の機会を与えることが困難である場合を除き、担当審判官は必ず当該申立てをした審査請求人又は参加人に口頭で意見を述べる機会を与えなければならない。したがって、その機会を与えない又は当該申立てをした審査請求人又は参加人にとって意見

第8節　口頭意見陳述等

様式5-14　口頭意見陳述の申立書

平成　　年　　月　　日

口頭意見陳述の申立書

　　　　　　国税不服審判所
　　担当審判官　　　　　　　殿

審査請求人（参加人）
（住所・所在地）〒　　－

（ふりがな）（　　　　　　　　　　）
（氏名・名称）　　　　　　　　　　㊞
（法人の場合、法人番号）
□□□□□□□□□□□□□
（法人の場合、代表者の住所）〒　　－

（法人の場合、代表者の氏名、ふりがな）
（　　　　　　　　　　）　　　　㊞

代理人
（住所・所在地）〒　　－

（ふりがな）（　　　　　　　　　　）
（氏名・名称）　　　　　　　　　　㊞

平成　　年　　月　　日に収受された審査請求書に係る事件について、国税通則法第95条の2の規定に基づき、口頭で意見を述べる機会を設けるよう申し立てます。
なお、原処分庁に対する質問の有無等については、下記のとおりです。

記

1　原処分庁に対する質問の有無
　□　有　※　原処分庁への質問を希望される方は、事前に質問事項の提出をお願いします。
　□　無
2　原処分庁職員の出席（上記1で「無」を選択した場合）
　□　出席を希望する
　□　出席を希望しない

※　国税通則法第109条に規定する参加人がこの申立てを行う場合には、次の欄に審査請求人の氏名等を記載してください。

（住所・所在地）　　　　　　　　　　　
（氏名・名称）　　　　　　　　　　　　

14号様式

審判所整理欄※
番号確認

※審判所整理欄は記入しないでください

「口頭意見陳述の申立書（14号）」の書き方

　この「口頭意見陳述の申立書（14号）」は、国税通則法第95条の2の規定に基づき、担当審判官に対して口頭意見陳述を申し立てる場合に使用します。
1　代理人が提出する場合は、審査請求人又は参加人の押印は必要がありません。
2　「1　原処分庁に対する質問の有無」欄
　　原処分庁に対する質問の有無について、いずれか該当する□にレを付してください。
3　「2　原処分庁職員の出席（上記1で「無」を選択した場合）」欄
　　原処分庁職員の出席の希望について、いずれか該当する□にレを付してください。

陳述が不可能に等しい機会を与えたことにより、その陳述が行われないままされた裁決は違法となる（審通（審）95の2-1）。

(2) 口頭意見陳述の実施手続

口頭意見陳述は、その期日及び場所が指定され、全ての審理関係人[170]が招集されて行われる（税通95条の2第3項）。

その際、審査請求人又は参加人は、許可を得て、原処分庁に対して、事件に関する質問を発することができる（同条2項）。この場合、担当審判官は、例えば、申立人の行う質問が審査請求に係る事件に関係のない事項にわたる場合や、既にされた質問の繰り返しにすぎない場合その他口頭意見陳述の円滑な遂行を阻害するおそれがある場合を除き、原則として、申立人の質問を許可しなければならないこととされている（審通（審）95の2-4）。また、担当審判官が指定した期日に申立人が出頭した場合には、申立人以外の審査請求人又は参加人が出頭しなかったとしても、当該申立人に改めて口頭意見陳述の機会を与える必要はないものとされている（審通（審）95の2-1（注）2）。

(3) 補佐人の帯同

「補佐人」とは、申立人に付き添って口頭意見陳述の期日に出頭し、その陳述を補佐する者をいう（審通（審）95の2-5）。

口頭意見陳述において、申立人は、「補佐人帯同許可申請書」様式5-15を提出することにより担当審判官の許可を得て[171]、補佐人とともに出頭することができる（税通95条の2第3項）。この補佐人の帯同は、申立人が十分に意見陳述を行うことができるよう専門的知識をもってその意見陳述を補佐させる趣旨の制度であるから、担当審判官は、この趣旨に従って許否を決定するものとされている（審通（審）95の2-7）。また、担当審判官は、補佐人帯同許可を与えた場合であっても、必要に応じてその許可を取り消すことができる（同（注））。

第8節　口頭意見陳述等

様式5-15　補佐人帯同許可申請書

```
                                            平成　　年　　月　　日

                    補 佐 人 帯 同 申 請 書

　　　　　　国税不服審判所
　　担当審判官　　　　　　　殿
                                  審査請求人（参加人）
                                  （住所・所在地）　〒　－

                                  （ふりがな）（                    ）
                                  （氏名・名称）                    印
                                  （法人の場合、法人番号）
                                  ┌─┬─┬─┬─┬─┬─┬─┬─┬─┬─┬─┬─┐
                                  │ │ │ │ │ │ │ │ │ │ │ │ │
                                  └─┴─┴─┴─┴─┴─┴─┴─┴─┴─┴─┴─┘
                                  （法人の場合、代表者の住所）　〒　－

                                  （法人の場合、代表者の氏名、ふりがな）
                                  （                                ）
                                                                    印

                                  代理人
                                  （住所・所在地）　〒　－

                                  （ふりがな）（                    ）
                                  （氏名・名称）                    印

    平成　　年　　月　　日に申立てをした口頭意見陳述の際に、下記の理由から、
　下記の者を補佐人として帯同したいので申請します。

                              記
　補佐人
  （住所・所在地）　〒　－
  （ふりがな）　（                                              ）
  （氏名・名称）　　　　　　　　　　　　　　　　　
  （電話番号）　　　　　　（　　　　）
  （ 理　由　）　　　　　　　　　　　　　　　　　　　　　　　　　

  ※　国税通則法第109条に規定する参加人がこの申請を行う場合には、次の欄に審査請求人の氏名等を
  　記載してください。
  （住所・所在地）　　　　　　　　　　　　　　　　　
  （氏名・名称）　　　　　　　　　　　　　　　　　

                                                          15号様式
```

「補佐人帯同申請書（15号）」の書き方

　この「補佐人帯同申請書（15号）」は、国税通則法第95条の2の規定に基づく口頭意見陳述の際に、担当審判官に対して、同条第3項の規定により読み替えて準用される同法第84条第3項に規定する補佐人の帯同を申請する場合に使用します。
　補佐人とは、審査請求人又は参加人に付き添って口頭意見陳述の期日に出席し、その陳述を補佐する者をいいます。
1　代理人が提出する場合には、審査請求人又は参加人の押印は必要がありません。
2　「(理由)」欄には、補佐人の帯同を必要とする理由を記載してください。
3　複数の補佐人を帯同する場合には別紙を作成の上、添付してください。

第5章　審査請求の手続

別紙（補佐人帯同申請書用：補佐人を複数名申請する場合）

補佐人

（住所・所在地）　〒　　－

（ふりがな）　（　　　　　　　　　　　　）
（氏名・名称）
（電話番号）　　　　（　　　）
（理　由）

15号様式(別紙)

なお、補佐人が税理士法に規定する税理士業務の制限規定に該当する行為をするおそれがある場合その他税理士法違反のおそれがある場合には、許可が与えられず又は既に与えた許可が取り消されることとなる（審通（審）95の2-8）。

(4) 口頭意見陳述の制限等

事件に関係のない事項など相当でない場合[172]には、口頭意見陳述は制限される（税通95条の2第3項）。

また、代理人によってされた意見陳述の効果は、申立人本人に帰属するものであるから、申立人本人が改めて口頭意見陳述の申立てをするときは、代理人によってされた意見陳述と重複しない限度でこれを行うことができる（審通（審）95の2-3（注））。

なお、申立人に対し日時及び場所を指定して意見を述べる機会を与えたにもかかわらず、正当な理由がなく、その機会に出頭しないときは、担当審判官は審理手続を終結することができる（税通97条の4第2項2号。本章第13節（238頁）参照）。

注

[169] 審判所QA20頁。
[170] 「審理関係人」とは、審査請求人、参加人及び原処分庁の3者をいう（税通92条の2）。
[171] この補佐人帯同の申請があったときは、担当審判官は速やかにその許否を決定するものとされている（審通（審）95の2-6）。
[172] ここで「相当でない場合」には、例えば、申立人の行う意見陳述が既にされた陳述の繰り返しにすぎない場合その他その発言が口頭意見陳述の趣旨、目的に沿わないと認められる場合が該当する（審通（審）95の2-3）。

第9節　証拠書類等の提出と返還

1　証拠書類等の提出

　審査請求人又は参加人は、自己の主張を裏付ける証拠[173]書類又は証拠物（以下「証拠書類等」という。）を提出することができる（税通96条1項）。この提出をする場合、併せて立証趣旨を明らかにするために「証拠説明書」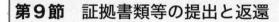を提出することとなる。

　また、原処分庁は、当該処分の理由となる事実を証する書類その他の物件を提出することができる（税通96条2項）。

　これらの場合、担当審判官が証拠書類等を提出すべき相当の期間を定めたときは、その期間内に提出しなければならない（税通96条3項）。ここで「証拠書類等を提出すべき相当な期間」とは、証拠書類等を提出するのに通常要する期間をいい、その期間は、証拠書類等の量や、入手の難易などの事情に応じて定められる（審通（審）96-1）。

2　証拠書類等の返還

　以上により提出された証拠書類等について、国税不服審判所長は、裁決後、速やかに提出人に返還しなければならないこととされている（税通103条）。

注

[173]　「証拠」の意義については、第4章第7節1（171頁）参照。

第9節　証拠書類等の提出と返還

様式5-16　証拠説明書

平成　　年　　月　　日

(審査請求人名)　：
(提　出　者)　：

証　拠　説　明　書

番号	文書等の名称	作成年月日	作成者	立　証　趣　旨
1				
2				
3				
4				
5				
6				
7				
8				
9				
10				

10号様式

「証拠説明書（10号）」の書き方

　この「証拠説明書（10号）」は、国税通則法第96条第1項の規定に基づき、審査請求人又は参加人が担当審判官に対して証拠書類又は証拠物を提出する場合に、それらと併せて立証趣旨を明らかにするために使用します。
　作成に当たっては、【記載例】を参考に記載してください。
　なお、参加人が提出する場合には、「(審査請求人名)」を「(参加人名)」に訂正の上、使用してください。

第5章　審査請求の手続

【記載例】

　　　　　　　　　　　　　　　　　　　　　　平成　●●　年　●●　月　●●　日

　　　　　　　　　　　　　　　　　　　（審査請求人名）：　●●　●●
　　　　　　　　　　　　　　　　　　　（提　出　者）：　●●　●●●

証　拠　説　明　書

番号	文書等の名称	作成年月日	作成者	立　証　趣　旨
1	請求人の●●銀行●●支店の預金通帳の写し	平成●●年●月●日	●●銀行	請求人の平成●●年の入出金の状況
2	売買契約書の写し	平成●年●月●日	請求人 大蔵太郎	請求人が、平成●年●月●日、上記土地を●●●万円で、大蔵太郎に売却した事実
3				
4				
5				
6				
7				
8				
9				
10				

10号様式

第10節　担当審判官の質問検査権

担当審判官は、審理を行うため必要があるときは、審理関係人の申立てにより、又は職権で、次に掲げる質問検査権を行使することができる（税通97条1項）。

① 　審査請求人若しくは原処分庁又は関係人その他の参考人への質問
② 　①に掲げる者の帳簿書類その他の物件につき、その所有者、所持者若しくは保管者に対し、相当の期間[174]を定めて、当該物件の提出の求め、又はこれらの者が提出した物件の留置き
③ 　①に掲げる者の帳簿書類その他の物件の検査（土地、建物その他の物件の存在する場所に赴いてその状況を確認することを含む（審通（審）97-5）。）
④ 　鑑定人に鑑定させること。

担当審判官の質問検査権 ｛ 審理関係人の申立て / 担当審判官の職権

審理関係人がこれらの申立てをする場合には、「質問、検査等を求める旨の申立書」様式5-17を提出する。この場合、担当審判官が審理に必要がないと認めるときは当該申立てを採用しないこととなるが、担当審判官は、当該申立てに対する判断を示さなければならない（審通（審）97-2）。

また、②により提出された帳簿書類等が担当審判官に留置されている場合において、留置の必要がなくなったと認められるものは速やかに返還しなければならない（審通（審）97-4）。

注

[174] ここで「相当の期間」とは、帳簿書類等を提出するのに通常要する期間をいい、その期間は、帳簿書類等の量や、帳簿書類等の所有者、所持者又は保管者の事情などに応じて定められる（審通（審）97-3）。

第5章 審査請求の手続

様式5-17 質問、検査等を求める旨の申立書

```
                                        平成　　年　　月　　日

               質問、検査等を求める旨の申立書

　　　　国税不服審判所
　　担当審判官　　　　　　　　　殿

                          審理関係人（審査請求人、参加人、原処分庁）
                          (住所・所在地)　〒　　－

                          (ふりがな)　(　　　　　　　　　　　　　　)
                          (氏名・名称)　　　　　　　　　　　　　　㊞
                          (法人の場合、法人番号)
                          ┃ ┃ ┃ ┃ ┃ ┃ ┃ ┃ ┃ ┃ ┃ ┃ ┃
                          (法人の場合、代表者の住所)　〒　　－

                          (法人の場合、代表者の氏名、ふりがな)
                          (　　　　　　　　　　　　　　　　　)　　㊞

                          代理人
                          (住所・所在地)　〒　　－

                          (ふりがな)　(　　　　　　　　　　　　　　)
                          (氏名・名称)　　　　　　　　　　　　　　㊞

　　国税通則法第97条第1項第1号から第4号までに掲げる行為のうち、下記を求める旨申し
立てます。
                        記
　　求める行為（具体的な内容を記載してください。）
　┌─────────────────────────────────────┐
　│                                                                          │
　│                                                                          │
　│                                                                          │
　│                                                                          │
　│                                                                          │
　└─────────────────────────────────────┘

　※　原処分庁又は国税通則法第109条に規定する参加人がこの申立てを行う場合には、次の欄に審査
　　請求人の氏名等を記載してください。

　　（住所・所在地）　　　　　　　　　　　　　　　　　　　　　　

　　（氏名 ・ 名称）　　　　　　　　　　　　　　　　　　　　　　

                                                        17号様式
```

審判所整理欄※
番号確認

※審判所整理欄は記入
しないでください

第11節　閲覧・謄写請求

1　閲覧等の請求

　審理関係人は、担当審判官が指定（税通94条1項）された時から審理手続を終結（同97条の4第1項・第2項）する時までの間、いつでも、担当審判官に対し「閲覧等の請求書」様式5-18を提出することにより、審理関係人から提出された証拠資料等[175]又は担当審判官による職権収集資料[176]の閲覧又は謄写（当該書類の写し又は当該電磁的記録に記録された事項を記載した書面の交付）を求めることができる（同97条の3第1項前段、審通（審）97の3-1）。

　この場合、担当審判官は、第三者の利益を害するおそれがあると認めるとき、その他正当な理由があるときでなければ、その閲覧又は謄写を拒否できない（税通97条の3第1項後段）。ここで、「第三者の利益を害するおそれがあると認めるとき」とは、例えば、閲覧又は交付を求める者以外の者の権利、競争上の地位その他正当な利益を害するおそれがあるときをいい、また、「その他正当な理由があるとき」とは、例えば、国の機関、地方公共団体等が行う事務又は事業に関する情報であって、閲覧又は交付の対象とすることにより、当該事務又は事業の性質上、それらの適正な遂行に支障を来すおそれがあるときをいう（審通（審）97の3-2）。

　担当審判官は、上記の閲覧又は謄写を認める際には、原則として、当該閲覧又は謄写に係る書類その他の物件の提出人の意見を聴かなければならない（税通97条の3第2項本文）。ただし、提出人の意見を聴くまでもなく、担当審判官が閲覧又は謄写の求めに対する判断が可能である場合[177]には、意見聴取は不要である（同項ただし書、審通（審）97の3-3）。

第5章　審査請求の手続

様式5-18　閲覧等の請求書

```
                                        平成　　年　　月　　日

               閲 覧 等 の 請 求 書

　　　　　国税不服審判所
　担当審判官　　　　　　　　殿

                        審理関係人（審査請求人、参加人、原処分庁）
                        （住所・所在地）〒　　　－

                        （ふりがな）（　　　　　　　　　　　　）
                        （氏名・名称）　　　　　　　　　　　　㊞
                        （法人の場合、法人番号）
                        ┌─┬─┬─┬─┬─┬─┬─┬─┬─┬─┬─┬─┐
                        │　│　│　│　│　│　│　│　│　│　│　│　│
                        └─┴─┴─┴─┴─┴─┴─┴─┴─┴─┴─┴─┘
                        （法人の場合、代表者の住所）〒　　　－

                        （法人の場合、代表者の氏名、ふりがな）
                        （　　　　　　　　　　　　　　　　）　㊞

                        代理人
                        （住所・所在地）〒　　　－

                        （ふりがな）（　　　　　　　　　　　　）
                        （氏名・名称）　　　　　　　　　　　　㊞

　　平成　　年　　月　　日に収受された審査請求書に係る事件について、国税通則法第97条
　の3の規定に基づき、下記のとおり、閲覧（又は写しの交付）を請求します。

                            記

　1　閲覧等を求める書類その他の物件の名称
　　（閲覧等を求める書類等の特定に当たってご不明な点は、担当審判官にお尋ねください。
　　　また、この用紙に記載しきれないときは、適宜の用紙に記載して添付してください。）
　2　閲覧等の実施方法
　　　□　閲覧　　　　□　写しの交付
　　　※　閲覧をした後に、必要な書類等の写しの交付を求めることもできます。
　3　写しの交付を求める場合における交付の方法
　　（1）□　片面　　　　□　両面
　　（2）□　直接交付　　□　郵送

　※　原処分庁又は国税通則法第109条に規定する参加人がこの請求を行う場合には、次の欄に
　　　審査請求人の氏名等を記載してください。

　　　（住所・所在地）　　　　　　　　　　　　　　　　　　　
　　　（氏　名・名　称）　　　　　　　　　　　　　　　　　　

　※　閲覧（又は写しの交付）によって入手した書類等は、国税通則法第97条の3の
　　　目的及び趣旨に反した使用はしないでください。

                                                        16号様式
```

「閲覧等の請求書（16号）」の書き方

　この「閲覧等の請求書（16号）」は、国税通則法第97条の3の規定に基づき、担当審判官に対して、同法第96条第1項若しくは第2項に規定する証拠書類等又は同法第97条第1項第2号に規定する帳簿書類等について、閲覧又は写しの交付を求める場合に使用します。
1　代理人が提出する場合には、審査請求人又は参加人の押印は必要がありません。
2　写しの交付には手数料が必要となります。手数料については、対象文書の枚数等により異なるため、後日、連絡します。（国税通則法施行令第35条の2）

2　謄写手数料等

　証拠書類等の写しの交付を請求する際は、手数料（用紙1枚10円（カラー20円）[178]）の収入印紙での納付が求められる（税通97条の3第4項、税通令35条の2第3項）。ただし、経済的困難その他特別の理由があると担当審判官が認めるときは、交付の求め1件につき2,000円を限度として、手数料を減額又は免除される（税通97条の3第5項、税通令35条の2第5項）。

　また、証拠書類等の写しの交付に代えて、審理関係人が持参したカメラ等で撮影することもできる[179]。この場合は、当然のことながら、手数料はかからない。

注

175　「証拠資料等」については、本章第9節（228頁）参照。
176　「担当審判官による職権収集資料」については、前節（231頁）参照。
177　この場合には、例えば、公になっている情報と判断できるとき、又は上記「第三者の利益を害するおそれがあると認めるとき」若しくは「その他正当な理由があるとき」に明らかに該当すると判断できるときが該当する（審通（審）97の3-3）。
178　両面印刷の場合は、片面を1枚として手数料が算定される。
179　審判所QA28頁。

第12節　審理手続の計画的遂行等

1　実質審理の範囲

　実質審理は、審査請求人の申立てに係る原処分について、その全体の当否を判断するために行うものであるが、その実施に当たっては、審査請求人及び原処分庁双方の主張により明らかとなった争点[180]に主眼を置いて効率的に行われなければならない（審通（審）97-1）。

2　審理手続の計画的進行

　審理関係人及び担当審判官は、簡易迅速かつ公正な審理の実現のため、審理において、相互に協力するとともに、審理手続の計画的な進行を図らなければならない（税通92条の2）。これを「審理手続の計画的進行」という。

3　審理手続の計画的遂行

　審理すべき事項が多数であり又は錯綜しているなど事件が複雑である場合等には、迅速かつ公正な審理を行うために、口頭意見陳述（税通95条の2）、証拠書類等の提出（同96条）及び審理のための質問検査等（同97条1項）の審理手続を計画的に遂行する必要があると認める場合には、事前に指定された日時に担当審判官が指定する場所に出頭して、又は電話によって、審理関係人に対して、担当審判官が意見を聴取することができる（同97条の2第1項・2項）。これを「審理手続の計画的遂行」という。

　ここで「審理手続を計画的に遂行する必要があると認める場合」とは、例えば、次のような事件で、審理手続に要する期間が長期間に及ぶことが見込まれる場合をいう（審通（審）97の2-1）。

① 争点が多数ある事件
② 事実関係が錯綜している事件
③ 審理関係人から提出された証拠書類等が膨大にある事件
④ 証拠又は資料の収集やその検討に時間を要する事件

　この意見聴取を行った場合、担当審判官は、審理手続の終結の予定時期を審理関係人に遅滞なく通知しなければならない（予定時期を変更したときも同様。税通97条の2第3項）。

4　担当審判官による争点整理

　担当審判官は、審査請求人及び原処分庁から提出された主張に関する書面に基づいて争点を整理し[181]、①争われている原処分、②争点、③争点に対する審査請求人及び原処分庁双方の主張などを簡潔に整理した「争点の確認表」を運用上作成し、審理関係人に送付することとされている（審査請求の内容、調査・審理の状況等によって、「争点の確認表」を送付しない場合もある。）[182]。

　また、担当審判官は、運用上、審査請求人と連絡又は面談後、審理の状況に応じて適時に、答弁書などの書類の提出状況、その時点での争点、調査・審理の状況、今後の予定等を記載した「審理の状況・予定表」を送付し、審査請求の進行状況等を告知することとしている[183]。

注

180　「争点」とは、納税者に対して、課税上又は徴収上、原処分を行うための法律上の要件（どのような場合に納税者に納税義務が発生するかという課税等に関する一定の法律効果が発生する要件などをいう。）に関する審査請求人及び原処分庁の主張の相違点をいう（審判所QA24頁）。

181　担当審判官が、審査請求書、答弁書、反論書等、意見書などの書面や、直接の面談などにより、審査請求人及び原処分庁のそれぞれの主張を整理し、争点が何であるかを明確にすることを「争点整理」という（審判所QA25頁）。

182　審判所QA25頁。

183　審判所QA26頁。

第13節　審理手続の終結

1　終結の要件

担当審判官は、必要な審理を終えたと認めるときは、審理手続を終結し（税通97条の4第1項）、その旨を、速やかに、審理関係人に通知するものとされている（同条3項）。これを「審理手続の終結」という。

ここで「必要な審理を終えたと認めるとき」とは、担当審判官及び参加審判官が、当該審査請求に係る事件の調査及び審理を行い、合議により、当該審査請求に係る事件について議決をするのに熟したと判断したときをいう（担当審判官は、審理関係人から審理手続を終結することを求められたとしても、これに応ずる義務はない。審通（審）97の4-1）。

また、以下に掲げる書類等が相当の期間内に提出されないことから、担当審判官が更に一定の期間（原則として、先に示した相当の期間よりは短い期間となる（審通（審）97の4-5）。）を示して提出を求めたにもかかわらず、これに応じなかったときは、担当審判官は審理手続を終結することができ（税通97条の4第1項1号）、終結したときは、その旨を速やかに審理関係人に通知する（同条3項）。

① 答弁書（同93条1項前段）
② 反論書（同95条1項後段）
③ 参加人意見書（同条2項後段）
④ 証拠書類等（同96条3項）
⑤ 担当審判官の質問検査権に基づく帳簿書類等（同97条1項2号）

さらに、請求人又は参加人が正当な理由なく口頭意見陳述（税通95条の2）に出頭しないときも同様に、担当審判官は審理手続を終結

することができ（同97条の4第2項2号）、終結したときは、その旨を速やかに審理関係人に書面により通知する（同条3項。審通（審）97の4-3）。ここでいう「正当な理由」には、例えば、次の場合がこれに当たる（審通（審）97の4-6）。

① 担当審判官が口頭意見陳述の日時又は場所を誤って教示したことにより出頭できない場合
② 口頭意見陳述の申立てをした審査請求人又は参加人の責めに帰すべからざる事由により、出頭することが不可能と認められるような客観的な事情がある場合（具体的には、地震、台風、洪水、噴火などの天災に起因する場合や、火災、交通の途絶等の人為的障害に起因する場合）

2　終結の効果

担当審判官が審理手続を終結した場合には、審理関係人又は担当審判官は、審理手続の終結の効果として、例えば、次の行為をすることはできない（審通（審）97の4-2）。ただし、担当審判官が審理手続を終結した後であっても、審査請求人が審査請求を取り下げること（税通110条1項）は可能である（審通（審）97の4-2（注））。

① 答弁書の提出（税通93条1項）
② 反論書の提出（同95条1項）
③ 参加人意見書の提出（同条2項）
④ 口頭意見陳述の申立て（同95条の2第1項）
⑤ 証拠書類等の提出（同96条第1項・2項）
⑥ 審理関係人による担当審判官に対する質問・検査等の申立て（同97条1項）
⑦ 担当審判官による質問、検査等（同条1項1号～4号）及び国税審判官等に対する質問、検査等を行わせるための嘱託等（同条2項）

⑧　閲覧請求又は写し等の交付請求（同97条の3第1項）
⑨　審理関係人の主張の追加、変更又は撤回

3　審理手続の再開

　上記により審理手続を終結した後であっても、裁決までの間に、例えば、次に掲げる事由が生じた場合には、審理手続は再開され、担当審判官が審理手続を再開したときは、速やかに、審理関係人に対し、審理手続を再開した旨を書面により通知するものとされている（ただし、担当審判官は、審理関係人から審理手続を再開することを求められたとしても、これに応ずる義務はない。審通（審）97の4-4）。

①　審理手続を併合する場合（税通104条1項）
②　国税不服審判所長が、主張、証拠等を補充する必要があると認めた場合

第14節 裁　　決

1　裁決の態様

　審理手続が終結すると、合議体を構成する担当審判官と参加審判官は、合議により審査請求に対する結論としての議決を出す。国税不服審判所長は、その議決に基づいて（審理手続を経ないでする却下裁決を除く。）裁決を出す（税通98条4項）。裁決には、次の3種類がある。

```
              ⎧ (1)  却下
  裁　　決  ⎨ (2)  棄却
              ⎩ (3)  認容 ⎰ （全部又は一部）取消し
                            ⎱ 変更
```

(1)　却　　下

　審査請求が法定の不服申立期間経過後にされたとき、その他形式要件を欠く不適法なものであるときには、国税不服審判所長は、裁決により、当該審査請求を却下する（税通98条1項）。

　本章第2節（199頁）で述べた、補正期間内に補正しないとき又は不適法であって補正することができないことが明らかなときは、実質審理に入ることなく、裁決により、その審査請求は却下される（税通92条1項・2項）。

　ここで「不適法であって補正することができないことが明らかなとき」とは、例えば、次に掲げる場合をいう（審通（審）92-2）。

　① 審査請求の対象が処分でない場合
　② 審査請求の対象となった処分が審査請求をすることができないものである場合

③　審査請求の対象となった処分が存在しない場合
④　審査請求の対象となった処分が審査請求人の権利又は法律上の利益を侵害するものでないことが明らかな場合
⑤　審査請求の対象となった処分について、既に国税不服審判所長の裁決（却下の裁決を除く。）がされている場合
⑥　審査請求人が行った再調査の請求が不適法である場合
⑦　審査請求が法定の審査請求期間経過後にされたことについて正当な理由がないことが明らかな場合
⑧　審査請求の対象となった処分について、審査請求人が直接自己の権利又は法律上の利益を侵害された者でないことが明らかな場合

　また、「その他不適法である場合」の審査請求には、上記①～⑧の場合のほか、担当審判官が指定された後、例えば、次の事由が生じた場合における、それぞれ次の処分を対象とした審査請求がこれに当たる（審通（審）98-1）。なお、更正処分に伴ってされた加算税の賦課決定処分について審査請求の対象とされている場合は、修正申告書の提出があったとしても、当該賦課決定処分は「その他不適法である場合」には該当しない（審通（審）98-1（注））

①　審査請求の対象となった処分について、原処分庁により職権でこれが取り消された場合の当該処分
②　審査請求の対象となった更正処分について、課税標準等及び税額等を申告額以下とする減額の再更正処分がされた場合の当該更正処分
③　審査請求の対象となった決定処分について、納付すべき税額を0円とする減額の再更正処分がされた場合の当該決定処分
④　審査請求の対象となった更正の請求に対する処分について、課税標準等及び税額等を更正の請求額以下とする減額の更正処分又は再更正処分がされた場合の当該更正の請求に対する処分

⑤　審査請求の対象となった加算税の賦課決定処分について、当該加算税の額を0円とする減額の変更決定処分がされた場合の当該賦課決定処分
⑥　審査請求の対象となった更正処分について、当該更正処分後に審査請求人が修正申告書を提出した場合の当該更正処分

(2) 棄　却

審査請求に理由がなく、原処分が相当であると認められるときには、国税不服審判所長は、裁決により、当該審査請求を棄却する（税通98条2項）。

(3) 認容（取消し又は変更）

審査請求について理由があるときには、国税不服審判所長は、裁決で、原処分の全部若しくは一部を取り消し、又はこれを変更する（税通98条3項本文）。これらを合わせて「認容」という。

ここで「審査請求について理由があるとき」とは、例えば、次に該当する場合をいう（審通（審）98-2）。
①　「納付すべき税額」（税通2条6号ニ）が当該審査請求の目的となった更正処分に係る納付すべき税額に満たない場合
②　「還付金の額に相当する税額」（同号ホ）が当該審査請求の目的となった更正処分に係る還付金の額に相当する税額を超える場合
③　「純損失等の金額」（同号ハ）が当該審査請求の目的となった更正処分に係る純損失等の金額を超える場合

また、「変更」には、国税に関する法律に基づく処分のうち、例えば、次に掲げる処分についての異動がこれに該当する（審通（審）98-3）。
①　耐用年数の短縮に関する処分（所税令130条3項・4項、法税令57条3項・4項）
②　特定船舶に係る特別修繕準備金に関する処分（租特令13条6

項・7項、33条の6第10項・11項、39条の85第10項・11項)
③　相続税額及び贈与税額の延納条件に関する処分(相税39条2項・29項・32項)
④　納税の猶予に関する処分(税通46条、49条)

ただし、審査請求人の不利益に変更されることはない(税通98条3項ただし書)。

2　裁決の拘束力

裁決は関係行政庁を拘束するので(税通102条1項)、認容裁決の効力により、違法又は不当であった原処分は当然に取り消され、又は変更されることが確定する。

したがって、原処分庁は裁決に不服があっても訴えを提起することはできない。

3　裁決書

裁決は、①主文、②事案の概要、③審理関係人の主張の要旨及び④理由を記載し、国税不服審判所長が記名押印した「裁決書」によりなされる(税通101条1項)。

裁決は、審査請求人に裁決書の謄本が送達された時に、その効力を生じる(税通101条3項)。審査請求人に対する裁決書の謄本の送達は、当該審査請求が代理人によってされているときにおいても、原則としては、本人に対して行われるが、審査請求人から裁決書の謄本の送達先を代理人とする旨の書面の提出[184]があった場合には、原則として当該代理人に対して送達される(審通(審)101-4)。裁決書は、参加人にも謄本が送付されるが(税通101条4項)、参加人に対する裁決書の謄本の送付は、裁決の効力の発生に関係はない(審通(審)101-6)。

また、裁決書に記載される理由は、原処分の一部又は全部を維持す

る場合には、その維持される処分を正当とする理由が明らかにされていなければならない（税通101条2項）。

注
184 　様式5-2　代理人選任届出書（191頁）又は 様式5-3 書類の送達先を代理人とする旨の申出書（194頁）にその旨を記載していることによる。

参考文献

(発行年順)

- 税制調査会「国税通則法の制定に関する答申の説明(答申別冊)」(昭和36年7月)
- 田中真次＝加藤泰守『行政不服審査法解説〔改訂版〕』(昭和52年・日本評論社)
- 武田昌輔監修『DHC コンメンタール 国税通則法』(昭和57年・第一法規)
- 南博方＝小高剛『全訂注釈行政不服審査法』(昭和63年・第一法規出版)
- 神川和久「行政不服審査法の抜本改正に伴う税務行政への影響等について」税務大学校論叢53号(平成19年・税務大学校)
- 行政不服審査制度検討会『行政不服審査制度検討会 最終報告—行政不服審査法及び行政手続法改正要綱案の骨子—』(平成19年7月)
- 日本税務会計学会訴訟部門編『税務争訟ガイドブック—納税者権利救済の手続と実務—』(平成20年・民事法研究会)
- 行政救済制度検討チーム『行政救済制度検討チーム 取りまとめ』」(平成23年12月)
- 総務省『行政不服審査制度の見直し方針』(平成25年6月)
- 青木丈『こう変わる！国税不服申立て』(平成26年・ぎょうせい)
- 財務省ウェブサイト『平成26年度 税制改正の解説』
- 橋本博之＝青木丈＝植山克郎『新しい行政不服審査制度』(平成26年・弘文堂)
- 櫻井敬子『行政救済法のエッセンス〈第1次改訂版〉』(平成27年・学陽書房)
- 青木丈「改正通則法施行 国税不服審査に係る新通達のポイント(上)(下)」税理59巻6号・7号(平成28年・ぎょうせい)
- 青木丈「国税通則法抜本改正(平成23〜27年)の経緯」青山ビジネスロー・レビュー5巻2号(平成28年・青山学院大学大学院法学研究科ビジネスロー・センター)

参考文献

- 荒井勇（代編）『国税通則法精解〔平成28年改訂〕』（平成28年・大蔵財務協会）
- 金子宏『租税法〔第21版〕』（平成28年・弘文堂）
- 行政管理研究センター編『逐条解説　行政不服審査法　新政省令対応版』（平成28年・ぎょうせい）
- 黒野功久「国税不服申立制度の改正」租税研究798巻（平成28年・日本租税研究協会）
- 国税不服審判所『平成28年4月1日以後に行われた処分について審査請求をされる方用（改正国税通則法対応版）審査請求よくある質問Q&A』
- 東京税理士会調査研究部監修『納税者の権利を守るための税理士が使いこなす改正国税通則法』（平成28年・清文社）

索 引

〈あ〉

- 青色申告承認の取消処分・・・・・・・・・94
- 新たに得られた情報に基づく再調査・・・・・・78
- 併せ審理・・・・・・・・・・・・・・118
- 異議申立て・・・・・・・10、12、28、38
- 異議申立ての件数・・・・・・・・・・131
- 異議申立ての処理状況・・・・・・・・・132
- 異議申立ての目標処理期間・・・・・・・132
- 異議申立前置主義・・・・・11、12、38、85
- 意見公募手続・・・・・・・・・・・・21
- 意見書・・・・・・・・・・・・・・214
- 一審代替性・・・・・・・・・・・・・30
- 一般概括主義・・・・・・・・・・・・10
- 一般法・・・・・・・・・・・・88、90
- 違法・・・・・・・・・・・・・・・93
- 写しの交付・・・・・・・・・・・・235
- 閲覧・・・・・・・・・・・・・・233
- 閲覧・謄写請求権・・・・・・・・・・52
- 閲覧請求権・・・・・・・・・・・・52
- 閲覧又は写し等の交付・・・・・・・・26
- 応答義務・・・・・・・・・・・・・47
- 同じ穴の狢・・・・・・・・・・・・25

〈か〉

- 改正行政事件訴訟法施行状況検証研究会・・・72
- カウント方法・・・・・・・・・・・136
- 合併・・・・・・・・・・・・・・129
- カメラ等で撮影・・・・・・・・・・235
- 換価代金等の配当・・・・・・・・・67
- 鑑定・・・・・・・・・・・・・・231
- 還付金の額に相当する税額・・・・・・243
- 議決・・・・・・・・・・・・・・241
- 記帳及び記録保存指導・・・・・・・・35
- 棄却・・・・・・・・・・・173、243
- 却下・・・・・・・・・・・172、241
- 客観的申立期間・・・・・・・42、104
- (旧) 再調査の請求・・・・・・・4、78
- 協議官・・・・・・・・・・・・・・5
- 協議団・・・・・・・・・・3、5、12
- 教示・・・・・・・・・・・105、175
- 教示の誤り・・・・・・・・・・・・42
- 行政救済制度検討チーム・・・・・・・16
- 行政指導の中止等の求め・・・・・・・33
- 行政庁の処分その他公権力の行使に当たる行為・・・・・・・・・・・・・92
- 行政通則法・・・・・・・・・・・・81
- 行政不服審査会・・・・・・26、35、74
- 行政不服審査裁決・答申検索データベース・・・・・・・・・・・・60、71
- 行政不服審査制度検討会・・・・・・・15
- 行政不服審査制度の見直しに係る検討・・・17
- 行政不服審査制度の見直しに係るヒアリング・・・・・・・・・・・・・・・17
- 行政不服審査制度の見直し方針・・・・・17
- 行政不服審査法（仮称）要綱案・・・・20
- 行政不服審査法案に関する勉強会・・・17
- 行政不服審査法等の施行状況に関する調査結果・・・・・・・・・・・・・・73
- 共同再調査の請求・・・・・・・・・111
- 共同再調査の請求人・・・・・・・・149
- 共同審査請求・・・・・・・・・・・111
- 共同審査請求人・・・・・・・・・・190
- 共同不服申立て・・・・・・・・・・111
- 訓令、通達又は指示・・・・・・・・・95
- 計画的遂行・・・・・・・・・・・・29
- 形式審査・・・・・・・・・・154、199
- 決定の理由・・・・・・・・・・・174
- 原処分・・・・・・・・・・・・・・96
- 原処分庁・・・・・・・・・・・・・96
- 合意によるみなし審査請求・・・・・・119
- 口頭意見陳述・・・26、47、50、165、222、236、238
- 業とする・・・・・・・・・・・・・110
- 公売期日等・・・・・・・・・・・・67
- 国税・・・・・・・・・・・・・・・91
- 国税審議会・・・・・・・・・・・・55
- 国税審判官・・・・・・・・・・・・97
- 国税審判官の任命資格・・・・・・・100
- 国税審判官への外部登用の工程表・・・100
- 国税庁長官の処分・・・・・・・・・89
- 国税通則法99条・・・・・・・・・・55
- 国税通則法の制定に関する答申の説明・・12
- 国税に関する法律に基づく処分・・・・92

248

索　引

国税副審判官 ･･････････････ 97、101
国税不服審判所 ････････････ 14、97
国税不服審判所長等 ････････････ 110
国税不服申立て ････････････ 88、91
個人事業税 ･････････････････････ 65
固定資産課税台帳 ･････････････ 67
固定資産税 ････････････････ 65、67
固定資産評価審査委員会 ･･･････ 67

〈さ〉

裁決 ･････････････････････････ 241
裁決書 ･･･････････････････････ 244
裁決書に記載される理由 ･･････ 244
裁決事例集 ････････････････････ 61
裁決内容等の公表 ･･･････ 60、69
裁決の拘束力 ････････････････ 244
裁決要旨検索システム ････････ 62
再更正 ･･･････････････････････ 118
再審査請求 ･･･････････････ 10、28
再調査 ････････････････････････ 77
再調査決定 ･･････････････････ 172
再調査決定書 ････････････････ 174
再調査審理庁 ････････････････ 154
再調査の請求 ･･････ 28、38、77、96
再調査の請求書 ･･･････････ 104、138
再調査の請求人の地位の承継 ･････ 160
再調査の請求の趣旨及び理由 ･････ 138
再調査の請求をした日 ･･･････ 96
再度の税務調査 ･････････････ 77
再度の賦課決定 ･････････････ 118
裁量権 ････････････････････････ 94
差押えに係る財産について抵当権を有する者
　････････････････････････････ 95
差押えの猶予 ････････････････ 125
差押財産の換価の制限 ･･･････ 124
参加許可の申請 ････････････ 114
参加審判官 ･･･････････ 102、212
参加人 ･･････････････････････ 115
参加人意見書 ･････････ 214、238
参加人の権限の消滅 ･････ 115、156
参加人の代理人 ･･････ 115、156、202
参加人の代理人の権限を証する書面 ･･ 156、202
参加の申請 ････････････ 156、202
事件数 ･･････････････････････ 136
事件担当部 ････････････････ 102

事件を担当する国税審判官 ････ 100
事実行為 ････････････････････ 89
事実上の行為 ･････････････････ 92
自主納付の慫慂 ･･････････････ 35
支所 ･･････････････････････････ 97
市町村民税 ･････････････････ 64
執行不停止の原則 ･･････････ 124
実質審理 ････････････････････ 155
実質審理の範囲 ････････････ 236
質問権 ････････････････････････ 47
質問検査権 ･･･････････ 49、231
質問検査等 ･･･････････ 50、236
質問の記録 ･･････････････････ 80
支部 ･･････････････････････････ 97
死亡若しくは分割による権利の承継又は合併の
　事実を証する書面 ･･････････ 129
シャウプ勧告 ････････････････ 3
終結の効果 ････････････････ 239
終結の要件 ････････････････ 238
終結の予定時期 ･･･････････ 237
修正申告又は期限後申告の勧奨 ･･ 35
自由選択主義 ･･････････････ 13
重要な先例 ･･････････････････ 55
主観的申立期間 ･･ 26、41、81、104
首席国税審判官 ･････････････ 101
出訴期間 ･･････････････ 26、81
純損失等の金額 ･･･････････ 243
証拠 ････････････････････････ 171
証拠書類 ････････････ 171、228
証拠書類等 ･･････ 171、228、238
証拠書類等の提出 ･･ 50、171、228、236
証拠書類等の提出期限 ･･････ 171
証拠書類等を提出すべき相当な期間 ････ 228
証拠説明書 ････････････ 171、228
証拠物 ････････････････ 171、228
証拠物件の閲覧等 ･･････････ 80
情報の提供 ･････････････････ 59
職権収集資料 ･･････････････ 52
職権による補正 ･･････ 154、200
処分 ････････････････････････ 92
処分があった日 ･･･････････ 104
処分件数 ･･･････････････････ 136
処分庁 ････････････････････････ 10
処分等の求め ･････････････････ 32

索　引

処分に係る権利を譲り受けた者・・・・・・・・129
処分の理由・・・・・・・・・・・・・・・・・・・・・・・・・120
処理状況・・・・・・・・・・・・・・・・・・・・・・・62、73
書類の送達先・・・・・・・・・・・・・・・・・・・・・・190
申告納税方式・・・・・・・・・・・・・・・・・・・・・・・・8
審査請求・・・・・・・・・・・・・・・10、12、28、97
審査請求書・・・・・・・・・・・・・・・・・・・104、179
審査請求人意見書・・・・・・・・・・・・・・・・・・219
審査請求人の地位の承継・・・・・・・・・・・・・204
審査請求の件数・・・・・・・・・・・・・・・・・・・・133
審査請求の趣旨及び理由・・・・・・・・・・・・・179
審査請求の処理状況・・・・・・・・・・・・・・・・・133
審査請求の目標処理期間・・・・・・・・・・・・・133
審査請求前置主義・・・・・・・・31、39、85、102
審査の請求・・・・・・・・・・・・・・・・・・・・・・2、5
審査の申出・・・・・・・・・・・・・・・・・・・・64、67
申請型義務付け訴訟・・・・・・・・・・・・・・・・・36
審理員・・・・・・・・・・・・・・・・・・・・24、45、74
審理員候補者・・・・・・・・・・・・・・・・・・・・・・76
審理員候補者名簿・・・・・・・・・・・・・・・・・・・25
審理関係人・・・・・・・・・・・・・・・・・・・・・・・・47
審理状況・予定表・・・・・・・・・・・・・・・・・・237
審理手続の計画的進行・・・・・・・・・・・・・・・236
審理手続の計画的遂行・・・・・・・・・・・・・・・236
審理手続の再開・・・・・・・・・・・・・・・・・・・・240
審理手続の終結・・・・・・・・・・・・・・・・・・・・238
請求人面談・・・・・・・・・・・・・・・・・・・・・・・222
正当な理由・・・・・・・・・・・・・・・42、105、239
税務相談における指導・・・・・・・・・・・・・・・・35
税務代理権限証書・・・・・144、156、190、202
税務調査・・・・・・・・・・・・・・・・・・・・・・・・・・77
税理士・・・・・・・・・・・・・144、156、190、202
税理士業務・・・・・・・・・・・・・108、168、227
税理士法違反・・・・・・・・・・・・・・・168、227
争訟経済・・・・・・・・・・・・・・・・・・・・・・・・・122
相続人・・・・・・・・・・・・・・・・・・・・・・・・・・129
総代・・・・・・・・・・・・・・・・・・・111、149、190
総代の権限・・・・・・・・・・・・・・・・・・・・・・・112
総代の権限消滅・・・・・・・・・・・・・・・・・・・・112
総代の互選命令・・・・・・・・・・・・・・・・・・・・111
送達があった日・・・・・・・・・・・・・・・・・・・・104
送達先を代理人とする旨の書面・・・・・・・109
争点・・・・・・・・・・・・・・・・・・・・・・・・・・・・236
争点整理・・・・・・・・・・・・・・・・・・・・・・・・・237
争点の確認表・・・・・・・・・・・・・・・・・50、237
訴願・・・・・・・・・・・・・・・・・・・・・・・・・・・・・・2
訴願制度改善要綱・・・・・・・・・・・・・・・・・・・・9
訴願制度調査会・・・・・・・・・・・・・・・・・・・・・・9
訴願前置主義・・・・・・・・・・・・・・・・2、6、13
訴訟の発生件数・・・・・・・・・・・・・・・・・・・134
租税訴訟・・・・・・・・・・・・・・・・・・・・・・・・・134

〈た〉

第三者機関・・・・・・・・・・・・・・・・・・・・26、74
第三者的機関・・・・・・・・・・・・・・・・・・・・・・97
対審的な審理構造・・・・・・・・・・・・・・・・・・・47
滞納処分の続行の停止・・・・・・・・・・・・・・・125
代理権の証明・・・・・・・・・・・・・・・・・・・・・109
代理権の消滅・・・・・・・・・・・・・・・・・・・・・109
代理人・・・・・・・・・・・・・・・・・108、144、179
代理人となるための資格・・・・・・・・・・・・・108
代理人の権限・・・・・・・・・・・・・・・・・・・・・109
代理人の権限を証する書面・・・・・・144、179
多数人・・・・・・・・・・・・・・・・・・・・・・・・・・111
嘆願・・・・・・・・・・・・・・・・・・・・・・・・・・・・33
担当審判官・・・・・・・・・・・・・・・・・・・・・・・212
担当審判官等・・・・・・・・・・・・・・・・・45、212
担当審判官等の指定時期・・・・・・・・45、213
担当審判官等の除斥事由・・・・・・・・45、212
地位承継の許可申請・・・・・・・・・・・160、204
地方税・・・・・・・・・・・・・・・・・・・・・・・・・・・64
調査終了後の質問検査等・・・・・・・・・・・・・・79
調査申立て・・・・・・・・・・・・・・・・・・・・・・・・49
徴収金・・・・・・・・・・・・・・・・・・・・・・・・・・・65
徴収所轄庁・・・・・・・・・・・・・・・・・・・・・・・125
徴収の猶予・・・・・・・・・・・・・・・・・・124、125
徴税吏員・・・・・・・・・・・・・・・・・・・・・・・・・66
帳簿書類等・・・・・・・・・・・・・・・・・231、238
聴聞主宰者の除斥事由・・・・・・・・・・・・・・・24
直接審査請求・・・・・・・・・・・・・・・・・38、103
陳述内容が記載された文書・・・・・・・・・・・80
通知弁護士・・・・・・・・・・・・・・・・・・・・・・108
天災その他やむを得ない理由・・・・・・・・・42
謄写・・・・・・・・・・・・・・・・・・・・・・・・・・・233
謄写請求権・・・・・・・・・・・・・・・・・・・・・・・52
謄写手数料・・・・・・・・・・・・・・・・・・・・・・235
答申内容の公表・・・・・・・・・・・・・・・・・・・・60
同席主張説明・・・・・・・・・・・・・・・・・・・・・・50
道府県民税・・・・・・・・・・・・・・・・・・・・・・・64

答弁書	212、238
謄本の送達	175、244
謄本の送達先	144
特定任期付職員	100
特別の委任	109、115、190
特別の機関	97
特別法	88、90
取消し	173、243
取下げ	123、163、210
取りまとめ	17

〈な〉

20年法案	16
二重前置	30
26年法	18
二審的審査請求期間	104
任期付職員	76
認容	173、243
納税環境整備PT報告書	16
納税環境整備小委員会	16
納税環境整備に関する論点整理	16
納税管理人	108
納付すべき税額	243

〈は〉

売却決定	67
パブリック・コメント	21
反論書	214、238
非公開裁決	62
非申請型義務付け訴訟	32、36
標準処理期間	29
標準審理期間	44、103、106
賦課課税制度	8
復代理人	109
不作為	89、92
不作為庁	10
不作為についての審査請求	36
附帯決議	73
物件の検査	231
物件の提出の求め	231
物件の留置き	231
不当	93
不動産等	67
不動産等についての公告	67
不服申立て及び訴訟の概要	63、73
不服申立人適格	95
不服申立人の地位の承継	129
不服申立前置主義	4、6、13、29、39、69
不服申立前置を規定するための基準	30
不用物品の売払行為	95
分割	129
併合審理	117
変更	173、243
包括受遺者	130
法規・審査	101
法規・審査部	102
法人事業税	65
法定受託事務	77
法令解釈	103
他の審査請求に伴うみなす審査請求	122
補佐人	168、224
補佐人帯同許可	168、224
補正	173、199、241
補正期間	154、173、200、241
補正した日	96
補正要求	154、199
本部	97

〈ま〉

見直し規定	72、81
みなす審査請求	119
民間登用	53、100
民主党政権	16
申立人の所在その他の事情	165、222
目標処理期間	44、106

〈や〉

要件事実	103

〈ら〉

利害関係人	114、156、202、213
理由の提示	39
理由付記	21、39、120
両面印刷	235
列記主義	2、10

❖ 著者紹介 ❖

青木　丈（あおき　たけし）

税理士、博士（政策研究・千葉商科大学）、千葉商科大学大学院商学研究科客員教授、青山学院大学大学院法学研究科非常勤講師。

2009年11月から2013年1月まで、内閣府行政刷新会議事務局上席政策調査員、総務省行政管理局企画調整課企画官等を歴任。

【主著】『中小事業者のための改正個人情報保護法超要点整理』（日本法令・2016）、『行政不服審査法の使い方』（共著・2016）、『グローバリゼーションと税制-租税理論研究叢書18』（共著・2008）（以上、法律文化社）、『コンパクト版 中小企業のためのマイナンバー実務講座』（大蔵財務協会・2016）、『いっきにわかる！親の家の片づけ方』（監修・洋泉社・2016）、『経営者が知っておきたいマイナンバー制度Q&A』（監修・2016）、『あなたも知らないとマズイ マイナンバーの新常識』（監修・2016）（以上、メディアソフト）、『TBSあさチャン！ココが知りたいマイナンバー制度』（特別監修・2016）、『これですっきり！マイナンバーがわかる本』（監修・2015）（以上、宝島社）、『企業のためのマイナンバー法実務ハンドブック』（共編著・商事法務・2015）、『大事なことだけすぐにわかるマイナンバー制度』（監修・講談社・2015）、『税理士事務所のマイナンバー完全マニュアル』（2015）、『こう変わる！国税不服申立て』（2014）（以上、ぎょうせい）、『税理士は必ずおさえておきたい！マイナンバー制度の実務ポイント』（共著・清文社・2015）、『新しい行政不服審査制度』（共著・弘文堂・2014）、『税法で読み解く！法令用語と立法の基礎知識』（税務経理協会・2013）、『法的紛争処理の税務（第3版）（下巻）−会社・倒産・国際税務−』（共編著・2009）、『税務争訟ガイドブック−納税者権利救済の手続と実務−』（共編著・2008）（以上、民事法研究会）、『事例で学ぶ租税争訟手続』（共編著・財経詳報社・2006）

新しい国税不服申立制度の理論と実務

平成28年12月30日　第1刷発行

　著　者　青木　丈

　発　行　株式会社　ぎょうせい

〒136-8575　東京都江東区新木場1−18−11
電話　編集　03-6892-6508
　　　営業　03-6892-6666
　　　フリーコール　0120-953-431

〈検印省略〉

URL：http://gyosei.jp

印刷　ぎょうせいデジタル㈱
※乱丁・落丁本はお取り替えいたします。

©2016 Printed in Japan

ISBN978-4-324-10204-6
(5108288-00-000)
〔略号：国税不服理論〕